LE

PERSONNEL ADMINISTRATIF

SOUS

L'ANCIEN RÉGIME

837

LE

PERSONNEL ADMINISTRATIF

sous

L'ANCIEN RÉGIME

83~~7~~

———————

PARIS

IMPRIMERIE ADMINISTRATIVE DE PAUL DUPONT

41, rue J.-J.-Rousseau (Hôtel des Fermes) 41.

1868

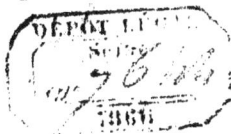

LE

PERSONNEL ADMINISTRATIF

L'ANCIEN RÉGIME

L'Administration est une institution nécessaire, plus ou moins complète, suivant la civilisation des peuples. Elle a pour objet de concilier l'intérêt privé avec l'intérêt public, d'entretenir les relations de famille entre le gouvernement et les citoyens ; c'est elle qui, au nom de tous demande à chacun certains sacrifices d'argent et de liberté en échange de certains avantages communs, directs, de bien-être et de sécurité ; son histoire est l'histoire de la vie privée des peuples.

L'Administration peut restreindre son action à la commune ou l'étendre à la nation entière. Toujours appropriée à la constitution politique, elle change et se transforme suivant les gouvernements. Dans un État

1

monarchique et démocratique où domine la même race, où l'esprit public, les mœurs et les intérêts sont identiques, l'Administration doit être tout à la fois centralisée et décentralisée ; centralisée au sommet, elle agit pour les intérêts généraux d'une manière uniforme et instantanée ; elle est plus égale, plus active, plus économique, et tire des forces nationales une plus grande somme de sécurité et de bien-être au profit des individus ; décentralisée à la base, elle confie aux citoyens la gestion directe des intérêts locaux, développant ainsi l'initiative individuelle et maintenant l'esprit de clocher qui est l'âme du patriotisme. Combiner dans une juste mesure ces deux éléments, centralisation et décentralisation, ce serait préparer l'accord définitif de l'autorité et de la liberté.

Sous le régime féodal de la France, lorsque les provinces avaient leur autonomie, l'Administration, régie par la noblesse et la bourgeoisie, était oligarchique et décentralisée. Richelieu compléta son œuvre politique en centralisant l'Administration et en créant le personnel administratif dans les provinces ; son système a été maintenu intact jusqu'à la Révolution, et il se retrouve encore dans notre organisation contemporaine.

— La haute direction administrative du royaume

appartenait à deux Conseils, le Conseil des dépêches et le Conseil privé, qui constituaient le pouvoir délibérant, et aux quatre secrétaires d'État qui étaient chargés de l'exécution.

Le Conseil des dépêches était présidé par le Roi ; en l'absence du Roi, par le chancelier ou le garde des sceaux ; le chancelier, les secrétaires d'État et deux conseillers d'État y avaient séance. Ce Conseil examinait toutes les affaires du gouvernement intérieur ; il se faisait lire la correspondance des gouverneurs et des intendants, et dictait les règles pour les réponses et les instructions générales.

Le Conseil dit privé ou des parties, ou plus généralement encore le Conseil d'État, composé de quarante-deux conseillers d'État et de quatre-vingts maitres des requêtes, n'était point présidé par le Roi, mais par le chancelier ou le garde des sceaux. Il jugeait les conflits administratifs ou judiciaires, les causes évoquées par droit ou par faveur, les appels des jugements des intendants et toutes les affaires contentieuses. Ce Conseil pouvait être considéré, dit Senac de Meilhan, comme le gardien de la puissance exécutrice (1).

(1) *Du gouvernement, des mœurs et des conditions en France avant*

Trois secrétaires d'État occupaient les départements de la guerre, de la marine et des affaires étrangères ; la maison du Roi, la police de Paris et les cultes formaient le quatrième département ministériel. Les finances étaient administrées par le contrôleur général. La dignité de chancelier, chef de tous les tribunaux, était la première par le rang et les prérogatives honorifiques.

Outre les affaires spéciales à leur département, les quatre secrétaires d'État avaient, dans leurs attributions, l'administration d'un certain nombre de provinces ; la répartition des provinces entre les secrétaires d'État n'était point immuable ; elle subissait des modifications assez fréquentes ; mais le secrétaire d'État de la guerre, chargé de la défense territoriale, avait toujours l'administration des provinces frontières.

Cette organisation centrale, placée au faîte de la hiérarchie administrative, était représentée, en province, par un seul homme : l'intendant.

Les intendants de police, justice et finances, souvent

la Révolution, avec le caractère des principaux personnages du règne de Louis XVI, par Senac de Meilhan, ancien intendant de Valenciennes, à Hambourg, 1795.

dénommés commissaires départis pour l'exécution des
ordres du Roi, étaient les représentants directs de la
royauté dans les provinces ; créés à titre permanent par
le cardinal de Richelieu, en 1635, ils eurent pour mission
d'affirmer l'autorité royale et de consolider l'unité nationale en établissant la centralisation administrative ;
le brevet de nomination qui résume leurs attributions
ordonne qu'ils devront « empêcher l'oppression des
faibles par la violence des puissants (1). Chargés de faire
plier, sous le droit commun, la magistrature, la noblesse, le clergé et les gens d'armes, ils eurent des débuts
difficiles ; et, lorsque la Révolution commença de battre
en brèche le principe d'autorité, ils furent les premiers
attaqués par le peuple et la bourgeoisie qu'ils avaient
protégés contre les tentatives de réaction féodale.

En général, les intendants remplirent leurs devoirs
avec honneur, et l'histoire, dégagée des passions en-
vieuses et jalouses qui, sous tous les régimes et dans
tous les temps, dénigrent ceux qui ont le périlleux honneur de commander, l'histoire impartiale leur rendra
justice. Nommés par commission royale, ils ne furent
point pourvus d'offices, ce qui aurait constitué en leur

(1) Bibliothèque de l'Arsenal. — Papiers Conrart, manuscrits,
tome XII.

faveur une sorte d'inamovibilité contraire au caractère de l'institution ; néanmoins, plusieurs d'entre eux n'hésitèrent pas à compromettre leur fortune et à tout sacrifier pour obéir à leur conscience, donnant ainsi l'exemple d'une rare indépendance à une époque où l'autorité du Prince était absolue, où l'opinion publique ne pouvait consoler d'une disgrâce imméritée ; mais ils avaient, à un haut degré, le sentiment de la dignité personnelle, l'orgueil de leur profession ; hommes de caractère, ils croyaient au devoir et aux âpres jouissances du sacrifice.

Presque tous avaient fait leur stage au Conseil d'État, où ils avaient puisé les fortes traditions politiques et administratives, en même temps que donné la mesure de ce qu'ils valaient ; ils avaient travaillé sous les yeux du Roi qui suivait leur fortune d'un œil attentif jusqu'au fond de la province ; d'autre part, le secrétaire d'État duquel ils relevaient entretenait avec eux des relations familières et cordiales. Certains d'être ainsi jugés, directement, sur leurs actes, par le Roi et le secrétaire d'État, les intendants s'absorbaient dans les obligations de leurs charges au lieu de perdre leur temps en brigues ambitieuses ou en luttes stériles contre les influences de la cour.

L'autorité des intendants s'étendait sur des circonscriptions considérables nommées Généralités; en 1789, on comptait trente-cinq Généralités ou Intendances, divisées en pays d'États ou en pays d'Élections, d'après le mode de l'impôt qui était perçu directement par les intendants dans les pays d'Élections et voté par les trois ordres dans les pays d'États (1). Leurs attributions étaient réparties en sept divisions principales : finances, agriculture, industrie et commerce, travaux publics, culte et instruction publique, tutelle des communes, police de sûreté, police militaire.

Pour les seconder dans l'exercice de ces fonctions multiples et complexes, les intendants avaient sous leurs ordres des agents de contrôle, de transmission et de surveillance nommés subdélégués, dont les fonctions présentaient beaucoup d'analogie avec celles des sous-préfets, sauf cette différence essentielle que le subdélégué était le commis de l'intendant et non le mandataire du Gouvernement.

Colbert proposa à Louis XIV de compléter l'organi-

(1) Pays d'Élections : Paris, Amiens, Soissons, Orléans, Bourges, Lyon, Trévoux, La Rochelle, Moulins, Riom, Poitiers, Limoges, Bordeaux, Bayonne et Pau, Tours, Auch, Montauban, Châlons, Rouen, Caen, Alençon.
Pays d'États : Rennes, Aix, Toulouse, Montpellier, Perpignan, Dijon, Besançon, Grenoble, Metz, Strasbourg, Lille, Valenciennes, Nancy.

sation administrative par un service d'inspection; des conseillers d'État devaient parcourir les Généralités pour relever les plaintes de la population et rendre compte au Roi; mais cette inspection ne fut point permanente et n'eut lieu que dans de rares circonstances.

Dès le premier jour, les intendants s'identifient avec la province dont ils deviennent la personnification officielle; représentants du pouvoir central, ils ne tardent pas à devenir auprès du Roi les interprètes des populations et les défenseurs de leurs intérêts; tous les faits importants émanent d'eux ou aboutissent à eux; aussi peut-on dire avec vérité que, à partir de 1635, l'histoire des intendants est l'histoire des provinces qu'ils administrèrent.

Les éléments de cette histoire sont difficiles à retrouver, car les archives administratives sont postérieures à la création des Intendances, et comme elles se composent de documents confidentiels, elles sont très-souvent incomplètes par suite de détournements commis par des agents intéressés ou des dépositaires infidèles.

Néanmoins, nous trouvons trois points de repère historiques au commencement et à la fin de Louis XIV et sous le règne de Louis XVI. Ces documents précieux, les seuls qui aient un caractère général, sont :

1° Les rapports des intendants de 1664, faits pour répondre à une série de questions posées par Colbert sur l'histoire ainsi que sur la situation politique, religieuse, administrative et économique de chaque généralité : ces rapports manuscrits se trouvent rarement;

2° Les rapports des intendants de 1697, rédigés d'après le même programme que les précédents; ils ont été analysés et publiés plus ou moins fidèlement par le comte de Boulainvilliers dans son ouvrage : *L'état de la France,* violente diatribe contre les intendants ;

3° Les procès-verbaux des Assemblées provinciales de 1787 qui constituent le bilan administratif de l'ancienne monarchie.

Les rapports de 1697 avaient été demandés aux intendants par le duc de Saint-Aignan pour être mis sous les yeux de son élève le duc de Bourgogne, et initier le prince héréditaire à la situation des hommes et des choses de la province. On se demande si une pareille étude n'aurait pas sa raison d'être de nos jours, et si l'heure n'est pas venue de faire recommencer par les préfets l'œuvre des intendants. Emportés par les événements, nous négligeons trop souvent les leçons du passé, et il est utile d'inviter au recueillement et aux médita-

tions rétrospectives ceux qui ont la main aux affaires
publiques. Le fonctionnaire, jaloux de la dignité administrative, repousse les expédients qui tournent les difficultés du moment, mais compromettent souvent l'avenir ;
il veut asseoir solidement son influence sur la connaissance de l'esprit public ; or, l'histoire locale expliquée et
commentée par l'histoire nationale peut seule montrer le
génie naturel de la population, les causes qui l'ont mo-
difié en bien ou en mal, les moyens à employer pour
l'amener et le maintenir dans le meilleur état possible.

L'histoire de l'Administration, sous l'ancien régime
monarchique, présente des phases bien distinctes où
dominent successivement l'élément politique, l'élément
administratif et l'élément philanthropique.

La période politique part de Richelieu pour finir
à Colbert. Champions intrépides du principe d'autorité,
les intendants durent alors abaisser et immoler toutes les
influences provinciales, noblesse, clergé, parlements, au
nom de la patrie qu'il fallait constituer et placer sous
une direction unique, celle du Roi. Les intendants de
cette époque avaient tous travaillé, en qualité de maîtres
des requêtes, sous les yeux de Richelieu et de Mazarin
qui les avaient initiés à leur politique ; pénétrés de l'utilité et de l'importance de leur mission, doués de carac-

tères fortement trempés, de volontés implacables, ils
allaient droit au but, brisant violemment les obstacles
qui pouvaient entraver leur marche. Armés d'un pouvoir
presque illimité, ils s'en servirent pour forcer les esprits
élevés dans l'anarchie, à respecter le principe d'autorité;
aussi nous apparaissent-ils avec des physionomies som-
bres et sévères. Isaac de Laffemas, Laubardemont, Le-
maistre de Bellejamme, Machault, etc., figurent en tête
de cette phalange redoutable.

La période administrative débute avec éclat sous le
ministère de Colbert et se prolonge jusqu'au règne de
Louis XVI. Les intendants cherchent à organiser la province et à la rattacher à la royauté par les intérêts; l'as-
siette des impôts d'après des bases équitables, la surveillance des administrations financières, le dévelop-
pement des aptitudes provinciales, la liquidation des
dettes communales, la répression du vagabondage et de
la mendicité, l'approvisionnement des places fortes et des
armées, la conversion des protestants constituent les
grandes affaires du moment; on cite parmi les premiers
intendants de cette époque : Colbert de Croissy, Barillon,
de Bouville, les d'Ormesson, les Chauvelin, d'Aguesseau, Ferrand, Miromesnil, Bouchu, Le Tonnelier, de
Breteuil, Foucault, Boucherat, Feydeau de Brou,
de la Bourdonnaye, Barentin, de la Briffe.

La période philanthropique et libérale se développe pendant le règne de Louis XVI. C'est le moment où les intendants, presque tous fervents disciples de l'école des physiocrates, se livrent avec passion à l'étude des problèmes politiques et économiques, en cherchent le côté praticable, et inaugurent dans leurs Généralités des institutions philanthropiques en même temps qu'ils donnent une vive impulsion aux travaux publics; ils se font honneur de provoquer les réformes libérales et de marcher à la tête du progrès. Turgot, qui avait débuté par l'Intendance de Limoges, avait de nombreux émules, tels que de la Galaizière, Maynon d'Invau, d'Agay, de Tourny, Dupré de Saint-Maur, Joly de Fleury, Moreau de Beaumont, Bertrand de Molleville, de la Michodière, Montyon, etc.

La nomenclature générale des intendants ne se trouve nulle part; quelques Généralités seulement ont conservé le nom des administrateurs qui, pendant cent cinquante ans, ont exercé une influence décisive sur les destinées provinciales.

Pour arriver à reconstituer le personnel administratif de l'ancien régime, il fallait réunir les documents les plus divers, disséminés dans toutes les parties de la France; il fallait chercher avec la passion et avec la

constance qu'inspire la piété professionnelle, les traces
de ces hommes déjà oubliés, et qui, cependant, ont or-
ganisé la plupart de nos institutions publiques, ont fait
édifier les principaux monuments et tracer nos grands
chemins ; de ces hommes d'initiative et de persévérance
qui ont encouragé le commerce et l'industrie, patronné
les sciences et les arts, non d'une manière banale et
superficielle, mais souvent en donnant l'exemple et en
prenant une part active aux travaux des sociétés scien-
tifiques et artistiques de leur province.

C'est ce travail que nous livrons à la publicité, avec
l'espoir qu'il fera naître le désir d'écrire l'histoire des
intendants de chaque Généralité. Une pareille étude est
digne d'exciter l'ambition des savants de la province,
où les recherches historiques sont parvenues à un si
haut degré de sincérité.

Citons quelques exemples qui parleront d'eux-mêmes,
et diront ce qu'étaient l'Administration et les Administrateurs sous l'ancien régime.

— Les d'Ormesson appartenaient à une famille de
robe dont tous les membres siégeaient au Parlement ou
au Conseil d'État ; esprits fins et délicats, caractères
antiques, ils menaient de front les études littéraires

et les devoirs austères de la magistrature; l'honneur était pour eux une loi sacrée à laquelle ils n'avaient jamais manqué, et ils pouvaient dire avec une légitime fierté que les lis de leur blason étaient immaculés. L'un d'eux, Olivier d'Ormesson, grand ami de madame de Sévigné, fut chargé, comme maître des requêtes, de faire le rapport sur le procès du surintendant Fouquet. Le Roi lui dépêcha Colbert pour le circonvenir et lui demander de conclure à la peine de mort; « dites au Roi, répondit d'Ormesson, que, dans une circonstance aussi solennelle, un maître des requêtes ne relève que de Dieu et de sa conscience. » Noble réponse qui entraîna sa disgrâce. Retiré de la vie politique, après avoir rempli les fonctions d'intendant à Amiens et à Soissons, il écrivit ses mémoires; il y a un passage de ces confidences intimes, où l'homme se révèle tout entier, que nous n'avons jamais lu sans admiration et sans une véritable émotion. D'Ormesson vient d'éprouver un grand chagrin; il a perdu son fils, André d'Ormesson, intendant de Lyon, mort à la fleur de l'âge; sous le coup de cette cruelle épreuve, il s'écrie, dans le premier épanchement de sa douleur :

« Mon fils est mort! mort à l'âge de quarante ans! es-
« tant, il y avoit plus de deux ans, intendant dans une
« grande province, et il avoit esté choisi par le Roy pour
« cet employ par la seule considération de sa sagesse et

« de sa capacité. Durant ces deux années, il avoit tra-
« vaillé si heureusement dans cette Intendance, qu'il
« avoit eu l'approbation de ses supérieurs dans toutes
« les affaires dont il leur avoit rendu compte, l'estime de
« toutes les personnes de qualité et de mérite de cette
« province, et l'amitié de tous les peuples qui se louoient
« de son application aux affaires, de son zèle à empes-
« cher les abus, de sa facilité à entendre les plaintes,
« de sa douceur à parler aux plus pauvres et de sa fer-
« meté à rendre la justice. Il est mort estant encore sur
« le premier degré de son élévation suivant le monde,
« et lorsqu'il commençoit à cueillir le fruit de ses estudes
« et de ses veilles, à establir une grande réputation
« d'habileté dans les affaires, de probité et de sagesse
« dans la conduite, et à faire connoistre qu'il estoit
« capable des principaux emplois de sa profession...,
« ni le désir de la gloire, ni l'estime des hommes, ni
« les maximes corrompues du siècle, ni les mauvais
« exemples, n'ont pu le détourner du chemin de la
« vertu par lequel il marchait vers le ciel à grands
« pas.... (1). »

— Louis Boucherat, né à Paris en 1616, était issu
d'une famille champenoise. Après avoir débuté comme

(1) Documents inédits sur l'histoire de France, Journal d'Olivier Lefèvre d'Ormesson, publié par M. Cheruel.

conseiller au Parlement, il entra au Conseil d'État avec la charge de maître des requêtes, et fut nommé intendant temporaire en Guyenne, Languedoc et Picardie; il assista trois fois aux états de Languedoc et dix fois aux états de Bretagne en qualité de commissaire du Roi. conseiller d'État en 1667, il fut promu à la haute dignité de chancelier de France, à la place de Le Tellier.

Le Roi, très-apte à connaître et à choisir les hommes, dit au nouveau chancelier, qui venait le remercier : « La place de chancelier est le prix de vos longs services; ce n'est pas une grâce, c'est une récompense; elle n'eût pas été pour vous, si tout autre l'eût mieux méritée! » Le chancelier ne resta point fidèle aux principes de l'intendant; il fut l'un des instigateurs de la persécution contre les protestants. Boucherat mourut le 2 septembre 1709, à l'âge de 83 ans. Son oraison funèbre, prononcée dans l'église Saint-Gervais, sa paroisse, par le R. P. de La Roche, prêtre de l'Oratoire, contient un passage qui a trait aux fonctions d'intendant, et fait connaître les appréciations des contemporains sur l'Administration :

« De tous les emplois, le plus vaste dans ses devoirs,
« le plus pénible dans ses fonctions, le plus délicat
« pour la conscience, c'est celui de l'intendant; il est en
« même temps l'homme du prince et l'homme du peuple;

« engagé de maintenir l'autorité du Roi et de la faire ai-
« mer ; ministre fidèle des volontés souveraines ; inter-
« prète sincère des besoins publics, ménageant tout
« avec politique, ne réglant rien que sur la religion et
« suivant l'avis de saint Augustin, établissant le bon
« ordre par la douceur et ne perdant jamais la douceur
« par le zèle du bon ordre : *Disciplina servat patien-*
« *tiam, patientia temperat disciplinam,* tels sont, dis-
« je, les devoirs délicats d'un intendant. Provinces heu-
« reuses que notre illustre mort a régies sous ce titre,
« dites-nous avec quel succès il l'a soutenu : Guyenne,
« Picardie, Languedoc, Champagne, qui le possédâtes
« avec tant d'applaudissements, et qui le perdez avec
« tant de douleur, qui l'honorâtes toujours comme votre
« protecteur, et qui le pleurez aujourd'hui comme votre
« père, parlez de lui devant le Seigneur, le voici prêt à
« vous répondre. Le vîtes-vous, par une douceur exces-
« sive, souffrir le désordre parmi les troupes qu'il devait
« régler, ou, par une discipline outrée, irriter les esprits
« qu'il devait gagner? Le vîtes-vous, tout dévoué à la
« politique, trahir vos intérêts pour ménager sa fortune
« et faire sa cour aux dépens de votre bonheur et de
« votre repos? Le vîtes-vous, fier de sa dignité, inac-
« cessible à la misère, vous laisser gémir à sa porte,
« donner à ses plaisirs un temps qu'il devait à vos plaintes,
« et, les mains ouvertes à vos présents, vous vendre bien

2

‹ cher des décisions et des lumières qui lui coûtaient
‹ tant de travaux (1) ? ›

— A côté de la correspondance administrative sous
Louis XIV, publiée dans la collection des documents
inédits sur l'histoire de France, se placent quelques mémoires d'intendants tels que ceux de Nicolas Foucault (2),
Lamoignon de Basville, Olivier Lefèvre d'Ormesson ; ces
autobiographies donnent des éclaircissements particuliers
sur certains événements et sur certains hommes, sans
offrir un tableau complet de l'organisation administrative. François Richer, seigneur d'Aube de Daubec, fils
d'un conseiller au parlement de Rouen, successivement
intendant de la Généralité de Caen (1723) et de Soissons
(1727), a laissé un mémoire manuscrit (3) concernant
MM. les intendants départis dans les différentes provinces
et Généralités du royaume, écrit en 1738, qui constitue un
véritable traité didactique faisant connaître non-seule-
ment la jurisprudence administrative, mais les règles et

(1) Oraison funèbre de très-haut et puissant seigneur messire Louis
Boucherat, chevalier, chancelier, garde des sceaux de France, commandeur des Ordres du roy, prononcée dans l'église Saint-Gervais, sa
paroisse, par le R. P. de La Roche, prestre de l'Oratoire, à Paris, chez
Jean Boudot. — 1700.

(2) Mémoires de Nicolas-Joseph Foucault, publiés et annotés par
F. Baudry. — 1862.

(3) Bibliothèque impériale, nº 422, Serilly, 1 vol. manuscrit, in fº de
640 pages.

les principes qui doivent diriger les administrateurs dans leurs rapports avec les administrés. L'introduction laisse entrevoir, sous une forme pleine de bonhomie, une fine critique des choses du temps :

« Je commence par dire que je suis très-persuadé que
« tous les magistrats qui sont actuellement départis
« dans les différentes Provinces et Généralités du royaume
« pour y exercer les fonctions d'intendant, en sont très-
« dignes et ne manquent à rien de ce qu'on peut et doit
« attendre d'eux. Mais tout le monde doit convenir avec
« moi, que c'est un grand bonheur auquel le hasard a
« eu part, si l'on considère d'un côté quels sont les
« devoirs des intendants, d'un autre côté, ce qui déter-
« mine ordinairement à choisir un magistrat plutôt qu'un
« autre, pour luy confier un employ si important. »

D'Aube est un administrateur assidu au travail, sacrifiant ses convenances à ses obligations, sévère pour lui-même, et trouvant que pour faire le bien, il faut faire plus que son devoir.

« J'ai toujours travaillé dans le courant sept ou huit
« heures par jour, jusques à quatorze et quinze heures
« quand cela était nécessaire, et j'avoue franchement
« qu'il s'en faut bien que j'aie fait tout ce que je sentais
« être de mon devoir. »

Tout en se complaisant dans les détails techniques de l'Administration et en témoignant une admiration par trop naïve pour certaines formes administratives et notamment pour les *tableaux à colonnes*, qui sont, dit-il, d'invention récente, d'Aube s'élève à de hautes considérations philosophiques lorsqu'il expose la nécessité de connaître les hommes, lorsqu'il indique les moyens de pénétrer leur caractère. Citons ce passage, qui est une véritable étude psychologique, digne d'un grand esprit :

« La connaissance des caractères individuels exige une aussi fine attention que la connaissance de l'esprit public. L'esprit est moins difficile à connaître que le cœur, et pourtant, sous combien d'aspects faut-il l'envisager ! L'homme qu'on étudie a-t-il de l'intelligence, de la pénétration, de la vivacité? Son intelligence est-elle ornée de choses agréables ou nourrie de choses solides? Celui qui écoute se paye-t-il de mauvaises raisons? Celui qui parle donne-t-il de mauvais arguments comme sérieux et le fait-il de bonne ou mauvaise foi? Celui qui discute une matière la prend-il par où il la faut prendre pour découvrir la vérité demandée? Cherche-t-il et donne-t-il des idées nettes, et les met-il dans un ordre qui serve à répandre la lumière? S'il parle, le fait-il aisément et dignement? Si, avec de l'esprit, il parle mal, est-ce à la timidité

‹ qu'il faut s'en prendre ou à la multiplicité des idées
‹ qui se présentent à lui et qu'il n'a pas le temps de bien
‹ arranger? Celui qui fait quelque opération choisit-il
‹ la façon la plus simple de réussir, et si on la luy
‹ montre la saisit-il avec l'ardeur qu'on doit avoir pour
‹ préférer tout ce qui est meilleur?

‹ Ceci étant bien examiné, ce qui ne peut se faire
‹ qu'en voyant de près, on saura sûrement si un homme
‹ a de l'esprit, quel est le caractère de son esprit et le
‹ meilleur emploi qu'on pourra en faire.

‹ Les qualités du cœur, plus difficiles à connaître, se
‹ peignent dans les actions, dans les écrits et dans les
‹ discours des hommes, mais trop souvent elles n'y
‹ paraissent que sous un masque trompeur; il y a bien
‹ quelques personnes qui, loin de cacher certains vices
‹ en font gloire, mais ils ne font parade que de ceux pour
‹ lesquels le public montre une coupable indulgence. Ils
‹ se gardent bien de faire valoir les autres, et affectent
‹ même les vertus opposées.

‹ Il est des gens vicieux sans le sçavoir ; ce ne sera
‹ pas l'art qu'ils emploieront à cacher leurs vices qui
‹ rendra difficile de les découvrir, mais ce sera ce qui
‹ les empêche de s'en apercevoir eux-mêmes.

« S'il y a des gens vicieux sans le sçavoir, il y en a
« aussy qui sont vertueux et ne s'en doutent pas, comme
« il y en a qui cachent leurs vertus par humilité ; mais
« je crois que toutes les vertus ainsi cachées ou qui ne
« se montrent point sont moins difficiles à découvrir que
« les vices.

« Les qualités du cœur se reflétant dans les actions,
« dans les écrits, dans les discours, quoiqu'elles y parais-
« sent trop souvent sous un masque trompeur, c'est donc
« là qu'il faut aller chercher le cœur de l'homme si on veut
« le connaître, en observant de marcher toujours la sonde
« en main comme ferait un bon pilote aux approches
« d'une terre inconnue. L'homme se tient sur ses gardes
« toutes les fois qu'il s'agit d'une affaire sérieuse ; il est
« néanmoins des circonstances peu importantes en ap-
« parence et qui n'en sont pas moins décisives. C'est
« dans ces circonstances-là qu'il sera le moins circons-
« pect et qu'on découvrira au vray ce qu'il est, car je crois
« qu'on peut tenir pour maxime constante que celuy qui
« s'écarte du sentier de la vertu dans les petites occa-
« sions, s'en écartera dans les plus grandes, dès qu'il
« y trouvera un assez grand intérêt pour luy. Quoi qu'il
« ait fait précédemment, il ne peut être regardé comme
« vertueux. Une seule vertu ne mérite pas, pour celui
« qui l'exerce, le nom de vertueux. Il n'y a que l'assem-

« blage des vertus et l'exemption des vices qui puissent
« le mériter. De même il y aurait de l'injustice à nommer
« vicieux celui qui ferait voir un vice à côté de quelques
« vertus. Assez ordinairement on trouve dans les
« hommes un meslange bizarre de vertus et de vices,
« c'est une espèce de chaos à débrouiller pour qui veut
« les connaître parfaitement. »

L'intendant d'Aube a un véritable culte pour les fonctions administratives; il les veut grandes, considérées et
dignement remplies. Sa préoccupation dominante est
de maintenir le personnel administratif à un niveau très-
élevé, et, pour atteindre ce but, il propose d'établir à
Paris une sorte d'académie administrative composée de
jeunes maîtres des requêtes qui feraient un stage sous les
ordres de l'intendant de Paris, avant d'être envoyés dans
la province; ce projet d'école administrative a traversé
les différentes époques de notre histoire contemporaine
sans aboutir à un résultat définitif. Qu'il nous soit per-
mis de rappeler ici la tentative du premier Empire, de
tous les essais le plus pratique et le plus conforme au
génie de l'Administration.

Un décret impérial du 7 avril 1811, perdu dans ce
dédale appelé le *Bulletin des lois*, a pour objet la clas-
sification des auditeurs au Conseil d'État; il en porte le

nombre à trois cent-cinquante, divisés en trois classes, dont les membres étaient répartis entre le Conseil d'État, les ministères, les administrations générales et les préfectures, et devaient former la grande pépinière administrative. Les auditeurs de première et de deuxième classe, attachés aux préfectures, devaient remplir les fonctions de sous-préfet de l'arrondissement chef-lieu, et avoir séance au conseil de préfecture ; les auditeurs de troisième classe étaient mis à la disposition des préfets. En cas d'absence du préfet, l'auditeur de première classe remplissait, par intérim, les fonctions de préfet, et l'auditeur de seconde classe remplissait les fonctions de sous-préfet.

Avant d'obtenir un avancement, soit au Conseil d'État, soit dans l'administration départementale, l'auditeur était astreint à faire un stage de quatre ans, dont deux ans comme attaché au Conseil et deux ans comme attaché aux préfectures.

Chaque année, les préfets étaient appelés à faire un rapport particulier au ministre, sur les aptitudes et les services des auditeurs attachés à leurs départements, et le ministre adressait à l'Empereur un rapport général établi d'après les mêmes données. Le rapport ministériel devait être suivi d'un décret portant promotion des auditeurs, soit dans le Conseil d'État, soit dans les sous-préfectures, suivant les différentes aptitudes reconnues aux candidats.

Après s'être pénétrés des traditions du Conseil d'État, et avoir contracté cet esprit de famille administrative, cet esprit de corps qui double les forces, les auditeurs venaient apprendre l'administration départementale et communale, sous les yeux et la direction des préfets; ils étudiaient les hommes et les choses; ils pratiquaient cette vie de province, par fois si originale et si utile à connaître; ils acquéraient ainsi les connaissances nécessaires à l'administration active, sans prendre une part directe aux affaires et sans encourir de responsabilité. Les rapports des préfets, du ministre, le travail de promotion, tenaient en haleine toutes ces jeunes intelligences, et excitaient parmi elles une généreuse émulation.

La loi du 3 mars 1849, et le décret du 25 novembre 1853, ont rappelé vaguement cette organisation, en stipulant que des auditeurs pourraient être attachés aux préfectures; mais cette disposition n'a jamais été appliquée d'une manière générale.

D'Aube était un esprit spéculatif, dépensant une partie de ses facultés à analyser le côté philosophique et politique de l'Administration.

Voici un caractère militant, prenant plus volontiers à partie les choses que les hommes.

L'intendant de la Galaizière était le plus grand administrateur de son époque; prompt à saisir la vérité, habile à démêler les affaires les plus compliquées comme à concevoir les plus vastes entreprises, il apportait dans la pratique une volonté entière et tenace qui dominait toutes les difficultés, surmontait tous les obstacles. Méprisant la critique, indifférent à la flatterie, il ne cédait jamais aux caprices de l'opinion parfois si irréfléchie et si mobile, déjà si influente et si adulée; confiant dans la force de ses idées, la rectitude de son jugement et l'opportunité de ses actes, il marchait droit au but, sans se laisser détourner par aucune considération personnelle. Chef sévère, mais juste, il était craint et aimé de ses agents, qui savaient que son œil vigilant pénétrait au fond des choses, car il était de ces rares esprits qui peuvent planer, sans s'égarer, sur les vues d'ensemble, et descendre, sans s'abaisser, aux mesures de détail. Après avoir rempli ses fonctions dans plusieurs Intendances, de la Galaizière avait été nommé, en 1779, dans la Généralité d'Alsace, où il avait mené à bien deux grandes entreprises, la suppression de la corvée et l'établissement du cadastre. Il assista à la transformation administrative de 1787, à la constitution des Assemblées Provinciales, institution monarchique et libérale, qui devait donner satisfaction à tous les intérêts, en faisant participer, dans une juste mesure, les différentes classes de la population à la gestion des affaires publiques, tout en respectant les prérogatives du pouvoir exécutif. Cette concession, émanée de l'initiative de Louis XVI, fut accueillie par des transports d'enthousiasme; mais bientôt les impatiences et les indécisions perdirent tout. Les Assemblées Provinciales, quoique complétement étrangères aux affaires, songèrent plus à exiger des concessions nouvelles, à formuler des plaintes, à récriminer contre le passé, à décrier l'autorité exécutive et ses agents, qu'à remplir utilement leur mandat et à étudier le parti qu'elles pouvaient en tirer pour le plus grand bien de la chose publique; elles donnèrent ainsi des leçons d'indiscipline aux administrations inférieures mal dirigées; les administrations départementales et communales négligèrent les affaires pour s'abandonner à leurs passions, et ne tardèrent pas à entrer en révolte avec les Assemblées Provinciales elles-mêmes, qui essayèrent vainement de les ramener à la raison.

De la Galaizière prêta à la nouvelle administration un concours franc et décidé; mais avec son esprit pratique et sa haute expérience des affaires, il voyait qu'on détruisait le passé sans préparer l'avenir ; mis en suspicion, obligé de justifier les grandes choses qu'il avait faites, il vint un jour exposer solennellement à l'Assemblée Provinciale les actes de son administration ; ce qu'il fit en ces termes :

« Les vues de l'Administration ne se bornent point au
« moment ; elles embrassent un horizon plus étendu,
« et discernent au loin un moyen de splendeur, de pros-
« périté pour un pays qui doit germer longtemps avant
« que d'éclore. Le grand Colbert n'a pas joui de tout le
« bien qu'il a préparé ; mais la nation le bénira à jamais
« de ce qui a peut-être excité les murmures de ses
« contemporains. Les peuples ont des idées trop res-
« treintes pour bien apprécier leurs véritables intérêts.
« La génération qui doit suivre est nulle pour eux ; ils
« ne connaissent que le présent, et ils préconiseraient l'o-
« pération la plus fausse, si elle leur présentait, pour
« le moment, le moindre soulagement. On cède aisément
« au désir de plaire à ses semblables : il est si doux
« d'obtenir le suffrage et la reconnaissance publics !
« Mais l'administrateur éclairé et courageux, résiste à
« ces attraits : il considère que, si l'existence de chaque
« individu est bornée, celle de la patrie ne l'est pas ; et
« pénétré de l'amour du bien, dont on ne se souviendra

« même pas qu'il est l'auteur, il lui sacrifie une
« jouissance délicieuse, mais personnelle, et s'expose,
« pour l'opérer, à la censure et aux interprétations défa-
« vorables.

« J'ajoute que j'ai toujours pensé, et peut-être m'en
« a-t-on fait un reproche, qu'en fait d'ouvrages et d'é-
« tablissements publics, la véritable économie, la seule
« dont ils fussent susceptibles, consistait à s'assurer de
« leur utilité avant de les entreprendre, et à ne payer
« que leur valeur; mais que le luxe de solidité et jus-
« qu'à un certain point de décoration y étaient néces-
« saires, et que c'était là ce qui devait distinguer les
« monuments des constructions particulières. La dé-
« pense de celles-ci ne peut qu'être proportionnée aux
« facultés de ceux qui les entreprennent, les dépenses
« publiques ne peuvent être ainsi limitées; elles ren-
« trent, pour la plus grande partie, dans les mains
« dont elles sortent. Si elles occasionnent quelque gêne,
« elle est passagère et bientôt oubliée, et l'avantage
« qu'elles ont produit est éternel, comme le public qui
« en profite. Nos aïeux ont fait des sacrifices en notre
« faveur; nous en devons à nos descendants : c'est une
« suite d'avances faites de génération en génération qui,
« en grossissant la masse des jouissances auxquelles

« chaque individu participe, augmente insensiblement
« la splendeur des Empires (1). »

Quels accents convaincus ! quelles vérités pleines d'ac-
tualité !

Ces exemples ne sont pas les seuls; en parcourant la
nomenclature du personnel administratif de l'ancien régime, on trouvera une pléiade d'hommes illustres, lit-
térateurs, philosophes, économistes, philanthropes, savants et financiers, dont la postérité a gardé le souvenir,
entre autres :

Barillon, Colbert, de Bouville, Pommereu, de Harlay,
d'Aguesseau, Hotman, de Tourny, Dupré de Saint-
Maur, de la Briffe, Molé de Champlatreux, Ferrand, Trudaine, Dupleix, Joly de Fleury, de Calonne, Bouchu,
de Breteuil, Terray, de la Michodière, Turgot, Bignon,
Chauvelin, Senac de Meilhan, Montyon.

La carrière administrative exige une moyenne de conditions et d'aptitudes très-diverses, mais par compen-
sation elle emploie d'une manière utile et féconde toutes

---

(1) Procès-verbal des séances de l'Assemblée Provinciale d'Alsace
à Strasbourg, de l'imprimerie de F.-C. Levrault, 1787.

les facultés de l'âme, toutes les qualités de l'esprit. Le savant, le littérateur, l'artiste peuvent se retrouver dans l'administrateur, et augmenter ses moyens d'action; en élargissant le cercle des idées, en le dégageant des minuties de la spécialité, l'art et la science placent l'homme public au-dessus de ses fonctions, condition essentielle pour que les fonctions soient bien remplies.

L'administrateur doit joindre à la connaissance des hommes la pratique des affaires. Cette double aptitude est nécessaire; sans la connaissance des hommes, l'administrateur n'est qu'un employé incapable de direction, comme sans la pratique des affaires, il ne peut être un homme politique influent. Le maniement des hommes et des affaires exige de la part de l'administrateur le caractère et l'intelligence, l'esprit et le jugement, l'adresse et la droiture, la fermeté et l'aménité. Les idées absolues et systématiques sont incompatibles avec le devoir administratif, car sauf le respect des grands principes qui restent immuables, la manière d'administrer doit varier suivant les circonstances, suivant le temps, le lieu et les hommes.

Si telle est l'Administration, comment ne pas reconnaître les difficultés qu'elle présente? et, dès lors, pourquoi s'étonner des attaques dont le personnel administratif a toujours été l'objet?

B^{on} DE BOYER DE SAINTE-SUZANNE.

NOMENCLATURE

DES

INTENDANTS DE POLICE

JUSTICE ET FINANCES

(1635 à 1789)

NOMENCLATURE

INTENDANTS DE POLICE

JUSTICE ET FINANCES

(1635 A 1789)

N. B. — Cette liste a été dressée d'après les renseignements de MM. les Archivistes des départements. — Les armoiries ont été indiquées par M. A. DEMARSY, archiviste paléographe. — M. SOLIMAN LIEUTAUD a revu et complété la partie iconographique.

A

AGAY ou DAGAY (François-Marie-Bruno, comte d'), seigneur de Villers, Démond et autres lieux, né en 1722, avocat général au parlement de Besançon, maître des requêtes. Mort le 5 décembre 1805.

Rennes, 1768. — *Amiens*, octobre 1771.

Portrait gravé par Cathelin, d'après Chevalier, in-f°. On lit en légende . *Virtuti, justitiæ, humanitati, civitas Sanquintiniensis oferebat, 1786.*

> D'un tendre ami du peuple éterniser l'image,
> C'est rendre à la vertu le plus touchant hommage.
> Le sort cruel est prêt à lui ravir le jour ;
> Mais le ciel, attendri, le rend à notre amour.

† D'or au lion de gueules, au chef d'azur.

AGUESSEAU (Henri d'), conseiller d'État. Mort le 17 novembre 1716.

Bordeaux. — *Limoges.* — *Béarn,* 1669. — *Languedoc,* 1673. — *Montpellier,* 1674 à 1685.

† D'azur à la fasce d'or accompagnée de six coquilles d'argent, posées 3, 2 et 1.

AINE (Marius-Jean-Baptiste-Nicolas d').

Auch et *Pau,* 1767 au 28 novembre 1774. — *Limoges,* 1774. — *Hainaut,* 1778. — *Tours.* 1783.

ALIGRE (Michel d'), seigneur de Bois-Landry, maître des requêtes. Mort en 1661.

Caen, 1657.

† Burelé d'or et d'azur, au chef du second émail chargé de trois soleils du premier.

ALIGRE (Étienne-Jean-François-Marie d'), seigneur de Montireau et de Bois-Landry, né le 19 janvier 1717, chevalier, conseiller du roi en ses conseils, maître des requêtes ordinaire.

Pau, 13 juin 1749. — *Amiens,* 10 mai 1751.

Portrait gravé par Cathelin, d'après Cochin.

† Burelé d'or et d'azur, au chef du second émail chargé de trois soleils du premier.

AMELOT (Denis), seigneur de Chaillou, conseiller d'État et maître des requêtes.

Limoges, 1616. — *Saintonge, Aunis* et *Poitou,* 1623. — *Lyon,* 1630.

Portrait gravé par Moncornet.

† D'azur à trois cœurs d'or surmontés d'un soleil de même.

AMELOT DE CHAILLOU (J.-J.).

La Rochelle, 1720.

Portrait gravé, ovale in-f°.

† D'azur à trois cœurs d'or surmontés d'un soleil de même.

AMELOT (Antoine-Jean), seigneur de Chaillou, baron de Châtillon-sur-Indre, avocat du roi au Châtelet en 1751, maître des requêtes en 1753, président du grand conseil en 1755.

Dijon, 1761.

Portrait gravé par Pruneau, in-4º, par Saint-Aubin, in-4º.

† D'azur à trois cœurs d'or surmontés d'un soleil du même.

AMELOT DE CHAILLOU (Antoine-Léon-Anne), chevalier, conseiller du roi en tous ses conseils, maître des requêtes ordinaire. Mort en 1824.

Dijon, 1781.

Portrait dessiné et gravé par Quenedey.

† D'azur à trois cœurs d'or surmontés d'un soleil de même.

ANDREZEL (N. d').

Perpignan, 1716.

Portrait gravé par Chéreau, d'après Rigaud, in-fº, deux in-8º.

† D'or au lion de gueules, à une cotice d'hermine brochant sur le tout.

ARGENSON (*Voir* Voyer d'Argenson).

ARGOUGES (Florent d'), baron du Plessis, d'Argouges, maître des requêtes en 1676.

Moulins, 1687. — *Dijon*, 1689.

† Écartelé d'or et d'azur, à trois quintefeuilles de gueules sur le tout.

AUBERT (Louis-Urbain), seigneur de Tourny.

Limoges, 1731. — *Bordeaux*, 1743.

Quatre portraits in-8º : 1º lithog. de Légé, 2º de Rougé, 3º grav. E. Conquy, 4º Lacour.

† De sable à l'aigle d'or au vol abaissé, adextrée d'une étoile de même.

AUBERT (C.-L.), seigneur de Tourny, fils du précédent.
Bordeaux, 1758.

† De sable à l'aigle d'or au vol abaissé, adextrée d'une étoile de même.

AUBERY (Félix), marquis de Vastan, maître des requêtes ordinaire.
Hainaut, 1724. — *Caen*, 1727.

† D'argent à la fasce d'azur chargée d'une aigle éployée d'or accostée de deux écrevisses du champ.

AUBRAY (Dreux d'), lieutenant civil.
Aix, 1630. — *Lyon*, 1638.

Portrait gravé par Mellan, Nanteuil, Frosne, Moncornet.

† D'argent à trois trèfles de sable, au croissant de gueules en cœur.

AUBRAY (Antoine d'), chevalier, comte d'Offemont et de Villiers, lieutenant civil, maître des requêtes en 1660 et conseiller d'État.
Orléans, 1666.

Portrait gravé par G. Vallet d'après A. Paillet, in-f°.

† D'argent à trois trèfles de sable, au croissant de gueules en cœur.

AUGET (Antoine-Jean-Baptiste-Robert), baron de Montyon.
Riom, 1767. — *Provence*, 1771. — *La Rochelle*, 1773.

Sept portraits gravés ou lithographiés in-8 et in-18.

† D'argent à la fasce de gueules accompagnée de trois têtes d'aigle de sable arrachées de gueules.

B

BAILLON (Jean).

La Rochelle, 1755. — *Lyon,* 1762.

† De gueules au lion d'or, au chef cousu d'azur chargé de trois étoiles d'or.

BALTHASAR ou BALTHEZARD (Jean), maître des requêtes le 20 mai 1642. Mort en mai 1665.

Languedoc, 1613.

† D'azur au chevron d'argent surmonté d'un croissant du même, accosté de deux étoiles d'or.

BARBARAT DE MAZIROT (Charles-François-Antoine de), comte de Muret.

Moulins, 1781.

BARBERIE DE SAINT-CONTEST (Michel de).

Limoges, 1686.

† D'azur à trois têtes d'aigle arrachées d'or.

BARBERIE DE SAINT-CONTEST (Jacques de), seigneur de Courteilles.

Alençon, 1715. — *Bourges,* 1720.

Portrait gravé par Étienne, in-f°.

† D'azur à trois têtes d'aigle arrachées d'or.

BARBERIE (François-Dominique de), seigneur de Saint-Contest et de la Chateigneraie, maître des requêtes en 1718. Il fut ambassadeur en Hollande en 1750, secrétaire d'État en 1751, et mourut le 24 juillet 1754.

Auch et Pau, mars 1737 au 29 mai 1739. — *Dijon,* 1740.

† D'azur à trois têtes d'aigle arrachées d'or.

BARBERIE (Dominique de), seigneur de Saint-Contest, maître des requêtes.

Metz, 1700. — *Auch,* 1738.

† D'azur à trois têtes d'aigle arrachées d'or.

BARBERIE DE SAINT-CONTEST (Henri-Louis), seigneur de la Chataigneraie.

Limoges, 1743. — *Châlons*, 1750.

† D'azur à trois têtes d'aigle arrachées d'or.

BARENTIN (Jacques-Honoré), seigneur d'Ardivilliers-Maisoncelles, les Belles-Rueries, Madère-Monnoys, vicomte de la Motte, baron de Mauriac, président au grand conseil en 1655, maître des requêtes en février 1655. Mort le 1er mars 1686.

Poitiers, 1665. — *Limoges*, 1666.

Portrait gravé : 1º par G. Rousselet, d'après Ph. de Champagne 1658, in-fº ; 2º par G. Scotin, 1689, in-fº dans une thèse; 3º par Montbard, buste grand comme nature.

† D'azur à trois fasces, la première d'or et les deux autres ondées d'argent, surmontées de trois étoiles d'or en chef.

BARENTIN (Charles-Honoré), maître des requêtes ordinaire. Mort dans l'exercice de ses fonctions à Ypres, le 7 septembre 1705.

Dunkerque, 1699.

Portrait gravé par Simon Thomassin, d'après H. Rigaud, par Steph. Gentrel, 1701, in-fº.

† D'azur à trois fasces, la première d'or et les deux autres ondées d'argent, surmontées de trois étoiles d'or en chef.

BARENTIN (Honoré).

La Rochelle, 1737.

† D'azur à trois fasces, la première d'or et les deux autres ondées d'argent, surmontées de trois étoiles d'or en chef.

BARENTIN (Charles-Amable-Honoré), seigneur d'Hardivilliers, la Malmaison et les Belles-Rueries.

Orléans, 1760.

† D'azur à trois fasces, la première d'or et les deux autres ondées d'argent, surmontées de trois étoiles d'or en chef.

BARILLON (ANTOINE), chevalier, seigneur de Morangis, de Louant et de Montigny, conseiller au parlement, puis maître des requêtes le 12 mai 1672. Mort le 18 mai 1686.

Metz, 1674. — *Lorraine,* 1674. — *Alençon,* 1677. — *Caen,* 1684. — *Orléans* (?).

† Ecartelé aux 1 et 4 : d'azur au chevron d'or accompagné en chef de deux coquilles et en pointe d'une rose de même.

BARILLON (JEAN-PAUL), seigneur d'Amoncourt, de Mancy, de Morangis et de Châtillon-sur-Marne, marquis de Branges. Successivement conseiller au parlement, conseiller d'État (1672), ministre plénipotentiaire à Cologne, ambassadeur (1677). Mort le 17 octobre 1691, inhumé à Sainte-Croix de la Bretonnerie.

Amiens, 12 janvier 1668.

† Ecartelé aux 1 et 4, d'azur au chevron d'or, accompagné en chef de deux coquilles et en pointe d'une rose de même, et aux 2 et 3, de gueules au sautoir d'or. (Amoncourt.)

BARILLON D'AMONCOURT (ANTOINE de), marquis de Branges, vicomte de Binson, seigneur de Mancy-Morangis, Châtillon-sur-Marne, Grauves, Anthenay, Orquigny et Cuis.

Perpignan, 1710. — *Pau,* 30 avril 1711. — 2 octobre 1712.

† Ecartelé aux 1 et 4, d'azur au chevron d'or, accompagné en chef de deux coquilles et en pointe d'une rose de même, et aux 2 et 3, de gueules au sautoir d'or. (Amoncourt.)

BARRIN (JACQUES), marquis de la Galissonière, maître des requêtes, le 31 octobre 1639. Mort en 1683.

Orléans, 1664. — *Rouen,* 1666.

† D'azur à trois papillons d'or.

BASVILLE (*Voir* LAMOIGNON).

BAUYN (NICOLAS-PROSPER), chevalier, seigneur d'Angervilliers, maître des requêtes, secrétaire d'État du département de la guerre.

fils de Prosper Bauyn, maître de la chambre aux deniers, célèbre financier, mort en 1700.

Alençon, 1702. — *Grenoble,* 1705. — *Alsace,* 1710. — *Paris,* 1723.

† D'azur au chevron d'or accompagné de trois mains d'argent en fasces.

BAUYN DE JALLAIS (Claude).

Perpignan, 1730.

† D'azur au chevron d'or accompagné de trois mains d'argent en fasces.

BAZIN (Louis), seigneur de Bezons.

Caen, 1676. — *Limoges,* 1679. — *Orléans,* 1681. — *Bordeaux,* 1686.

† D'azur à trois couronnes d'or.

BAZIN (N.), seigneur de Bezons.

Limoges, 1629.

† D'azur à trois couronnes d'or.

BAZIN (Claude), seigneur de Bezons, conseiller d'État ordinaire en 1684. Mort doyen de l'Académie française, le 20 mars 1684.

Soissons, 1647. — *Languedoc,* 1653. — *Montpellier,* 1665.

Portrait gravé par Van Schupen, d'après C. Le Febvre, 1673, in-f°.

† D'azur à trois couronnes d'or.

BAZIN (François), seigneur de Brandeville.

Metz, 1678. — *Lorraine,* 1678.

† D'azur à trois couronnes d'or.

BEAUBOURG (*Voir* de Marle).

BEAUHARNOIS (François de), en même temps intendant de la marine à Rochefort.

La Rochelle, 1710.

† D'argent à la fasce de sable accompagnée en chef de trois merlettes de même.

BEAUSSAN (François), seigneur de Blanville, La Motte, La Picotière, Riche-Grou, Arpentigny. Est né le 27 octobre 1675, mort le 26 février 1710.

Poitiers, 1728. — *Orléans*, 1740.

† D'azur au chevron d'or accompagné de trois glands de même.

BÉCHAMEIL (Louis), marquis de Nointel.

Tours, 1680. — *Châlons*, 1689. — *Rennes*, 1692.

† D'azur au chevron d'or accompagné de trois palmes de même.

BÉCHAMEIL (Louis-Claude), marquis de Nointel.

Riom, 1714. — *Soissons*, 1717.

† D'azur au chevron d'or accompagné de trois palmes de même.

BEGON (Michel), conseiller au parlement d'Aix, intendant de la marine. Mort le 14 mars 1710, âgé de 71 ans.

La Rochelle, 1694.

Portrait gravé : 1° par J. Lubin, 1692, in-f° ; 2° par Duflos, d'après Rigaud. Portrait dessiné à la Bibliothèque impériale.

† D'azur au chevron accompagné en chef de deux roses, et en pointe d'un lion, le tout d'or.

BERNAGE (Louis de), seigneur de Saint-Maurice et autres lieux, conseiller au grand conseil, maître des requêtes en 1689, conseiller d'État en 1724, grand'croix, secrétaire-greffier de l'ordre de Saint-Louis. Mort en 1737, âgé de 77 ans.

Limoges, 1694. — *Besançon*, 1702. — *Amiens*, 1708. — *Languedoc*, 1718. — *Montpellier*, 1719.

† Fascé de gueules et d'or de six pièces, les fasces de gueules chargées de cinq sautoirs d'argent. C'est à tort qu'on lui a donné : d'argent à trois levrettes courantes de sable.

BERNAGE (Louis-Bazile), seigneur de Saint-Maurice.

Montauban, 1720. — Montpellier, 1724. — Languedoc, 1726.

Portrait gravé par Michel, d'après Gérard, in-f°.

† Fascé de gueules et d'or de six pièces, les fasces de gueules chargées de cinq sautoirs d'argent.

BERNAGE (Jean-Louis de), chevalier, seigneur de Vaux, Saint-Maurice, Chassy, Arbonne et autres lieux, grand'croix de l'ordre de Saint-Louis, conseiller du roi en ses conseils, maître des requêtes ordinaire.

Moulins, 1746. — Metz, 1756.

† Fascé de gueules et d'or de six pièces, les fasces de gueules chargées de cinq sautoirs d'argent.

BERNARD DE BALLAINVILLIERS (Simon-Charles-Sébastien).
Riom, 1758.

† D'azur à la gerbe de blé d'or accompagnée en pointe d'un croissant d'argent au chef cousu de gueules, chargé de trois étoiles d'argent.

BERNARD DE BALLAINVILLIERS (Charles), baron de Ballainvilliers, seigneur du comté de Cléry, Maurepas, Porch, Aniécourt, conseiller d'État et maître des requêtes.

Montpellier, 1786. — Languedoc, 1786.

† D'azur à la gerbe de blé d'or accompagnée en pointe d'un croissant d'argent au chef cousu de gueules chargé de trois étoiles d'argent.

BERRYER (Nicolas), chevalier, lieutenant de police, ministre de la marine, puis garde des sceaux, mort le 15 août 1762.

Poitiers, 1743.

Portrait gravé par Wille, d'après de Lion, in-f° maj.

† D'argent au chevron de gueules accompagné en chef de deux quintefeuilles d'azur et en pointe d'une aigle de même.

BERTHIER DE SAUVIGNY (Louis-Jean), chevalier.

Moulins, 1739. — Grenoble, 1741. — Paris, 1754.

† D'or au taureau furieux de gueules chargé de cinq étoiles d'argent posées en bande.

BERTHIER ou BERTIER DE SAUVIGNY (Louis-Bénigne-François), né vers 1742, massacré à Paris le 22 juillet 1789.

Paris, 1785.

† D'or au taureau furieux de gueules chargé de cinq étoiles d'argent posées en bande.

BERTIN (Henri-Léonard-Jean-Baptiste), chevalier, comte de Bourdeille, premier baron du Périgord, seigneur de Belle-Isle et autres lieux.

Perpignan, 1751. — *Lyon*, 1755.

Portraits gravés par Cathelin et Dupin, d'après Roslin.

† Ecartelé aux 1 et 4 d'azur au lion d'argent, aux 2 et 3 d'or au mont de sinople chargé de trois roses de gueules, au chef d'azur chargé de trois étoiles d'or.

BERTRAND DE MOLLEVILLE.

Rennes, 1782.

† D'azur au cerf passant d'or au chef d'argent.

Portrait gravé par Antoine Cordon, in-8°.

BERTRAND de BOUCHEPORN (Claude-François), conseiller d'honneur au parlement de Metz.

Corse, 1768. — *Auch*, 1770. — *Pau*, 28 novembre 1785 au 6 octobre 1790.

BÉRULLE (Pierre de), seigneur et vicomte de Guyencourt.

Riom, 1685. — *Lyon*, 1687.

† De gueules au chevron d'or accompagné de trois molettes d'éperons de même.

BÉRULLE (Amable-Pierre-Thomas, marquis de).

Moulins, 1757.

† De gueules au chevron d'or accompagné de trois molettes d'éperons de même.

BESANÇON (Charles de).

Tours, 1642.

† D'or à la tête de maure de sable tortillée d'argent accompagnée de trois trèfles de sinople.

BIDÉ DE LA GRANDVILLE (Joseph).

Limoges, 1673.

† D'argent au lion de sable armé et lampassé de gueules, accompagné en chef à dextre d'un croissant d'azur, à senestre d'une étoile de gueules et en pointe d'une autre étoile de même.

BIDÉ-(Julien-Louis), seigneur de la Grandville.

Riom, 1723. — Valenciennes, 1730. — Lille, 1730. — Alsace, 1743.

† D'argent au lion de sable armé et lampassé de gueules, accompagné en chef à dextre d'un croissant d'azur, à senestre d'une étoile de gueules et en pointe d'une autre étoile de même.

BIGNON (Hiérosme), avocat du roi au Châtelet en 1679, conseiller au parlement en 1685, maître des requêtes en 1689, conseiller d'État en 1693, prévôt des marchands en 1708. Mort le 5 décembre 1725, à l'âge de 68 ans.

Rouen, 1693. — Amiens, 1694.

† D'azur à la croix haute ou du calvaire d'argent posée sur une terrasse de sinople d'où sort un cep de vigne de sinople chargé de cinq grappes de raisin d'or, qui accolle et entoure ladite croix, laquelle est cantonnée de quatre flammes d'argent.

BIGNON (Armand-Rolland), seigneur de Blanzy, conseiller d'État.

Paris, 1712.

† D'azur à la croix haute ou du calvaire d'argent posé sur une terrasse de sinople d'où sort un cep de vigne de sinople chargé de cinq grappes de raisin d'or, qui accolle et entoure ladite croix, laquelle est cantonnée de quatre flammes d'argent.

BIGNON (Jérome), seigneur de Blanzy.

La Rochelle, 1726.

† D'azur à la croix haute ou du calvaire d'argent posée sur une terrasse de sinople d'où sort un cep de vigne de sinople chargé de cinq grappes de raisin d'or, qui accolle et entoure ladite croix, laquelle est cantonnée de quatre flammes d'argent.

BIGNON (Jérome), chevalier, marquis de Blanzy, baron de Semoine. *Soissons*, 1737.

† D'azur à la croix haute ou du calvaire d'argent posée sur une terrasse de sinople d'où sort un cep de vigne de sinople chargé de cinq grappes de raisin d'or, qui accolle et entoure ladite croix, laquelle est cantonnée de quatre flammes d'argent.

BLAIR (Louis-Guillaume), chevalier, seigneur de Boisemont et de Courdimanche.

La Rochelle, 1749. — *Valenciennes*, 1755. — *Alsace*, 1764.

† De sable à la fasce d'or accompagnée de trois besants de même. Sur le tout un écusson d'argent chargé d'un chevron ondé de sable, accompagné de trois tourteaux de même.

BLANC (*Voir* Le Blanc).

BOCHART (Jean), seigneur de Champigny, Noroy et Bouconvilliers. *Tours*, 1658. — *Rouen*, 1659. — *Limoges*, 1655.

† D'azur à l'étoile d'or soutenue d'un croissant de même.

BOCHART (François), seigneur de Champigny. *Lyon*, 1611. — *Grenoble*, 1660.

† D'azur à l'étoile d'or soutenue d'un croissant de même.

BON (Louis-Guillaume), chevalier, marquis de Saint-Hilaire, baron de Fourques, premier président du conseil supérieur du Roussillon.

Perpignan, 9 novembre 1753.

† De gueules à une bande d'or chargée d'un ours de sable.

BOSC DU BOUCHET (Marc-Antoine). *Limoges*, 1711.

BOSQUET (FRANÇOIS), né à Narbonne en 1613, procureur général au parlement de Rouen, évêque de Lodève en 1648 et de Montpellier en 1657, mort le 24 juin 1676.

Montauban, 1641. — *Languedoc*, 1643.

Portrait gravé par Nanteuil, 1671, in-f°.

Écartelé : au 1 d'or, chargé de trois fruits de sinople mouvants d'un trait d'en bas, accompagnés en chef d'une croix recroisettée de gueules, aux 2 et 3 de gueules à la croisette d'or, au 4 d'or à trois bandes de gueules.

BOSSUET (LOUIS), seigneur de Daru et de La Cosne, conseiller d'État et maître des requêtes.

Soissons, 1685.

† D'azur à trois roues d'or.

BOUCHER (CHARLES), seigneur d'Orsay, prévôt des marchands.

Limoges, 1712. — *Grenoble*, 1716. — *Bordeaux*, 1720. — *Limoges*, 1725. — *Montauban*, 1727.

† De gueules semé de croisettes d'argent, au lion de même armé et lampassé de gueules sur le tout.

BOUCHER (CLAUDE), seigneur d'Hebecourt, Sainte-Geneviève, etc.

Riom, 1717.

† De gueules semé de croisettes d'argent, au lion de même armé et lampassé de gueules sur le tout.

BOUCHERAT (LOUIS), chevalier, comte de Compans, né le 6 septembre 1616, correcteur des comptes, conseiller au parlement, maître des requêtes en 1643, conseiller d'État en 1662, chancelier et garde des sceaux le 1er novembre 1685, chancelier des ordres du roi le 21 août 1691, mort le 2 septembre 1699.

Languedoc. — *Bordeaux.* — *Amiens.* — *Châlons.* — *Rennes.* — *Isle-de-France.*

Il existe vingt-deux portraits différents.

† D'azur au coq crêté, becqué, barbé et membré de gueules.

BOUCHU (CLAUDE), baron de Loisy, maître des requêtes en 1654, mort au mois de juin 1683.

Dijon, 1655.

Portrait gravé par F. de Poilly, n° 72 de son œuvre (?).

† D'azur au chevron d'or accompagné du chef de deux croissants d'argent *alias* d'or, et en pointe d'un lion d'or.

BOUCHU (ÉTIENNE-JEAN), marquis de Fansergues, comte de Pont de Veyle.

Grenoble, 1686.

† D'azur au chevron d'or accompagné du chef de deux croissants d'argent *alias* d'or, en pointe d'un lion d'or.

BOULA DE NANTEUIL (ANTOINE-FRANÇOIS-ALEXANDRE), seigneur de Mareuil, Saint-Clair, Lignères, Saint-Denis, La Grange-du-Mont, Nanteuil, les Maux, Truet, Clermont, conseiller honoraire au parlement de Paris.

Poitiers, 1784.

† D'azur à trois besants d'or.

DU BOULAY (*Voir* FAVIER).

BOURDONNAYE (*Voir* LA BOURDONNAIE).

BOURGEOIS DE BOYNE.

Besançon, 1757.

† D'azur à la bande d'argent chargée de trois merlettes de sable.

BOURRÉE (NICOLAS), seigneur de Corberon.

Limoges, 1611.

† D'azur à trois gerbes d'or liées d'argent.

BOUSSAN (N. de), maître des requêtes.

Alsace, 1648.

† D'or à l'aigle de gueules becquée et membrée d'azur.

BOUTIN (N..... de).

Bordeaux, 1760.

Portrait gravé par Wattelet, d'après Cochin, 1752.

† D'azur à la fasce d'or surmontée de trois étoiles d'argent et accompagnée en pointe de deux oiseaux affrontés de même.

BOUVILLE (*Voir* JUBERT DE BOUVILLE).

BOVE (*Voir* La BOVE).

BRAGELONGNE ou BRAGELONNE (JEAN de).

Orléans, 1611.

† De gueules à la fasce d'or, *alias* d'argent, chargée d'une coquille de sable accompagnée de trois molettes d'or.

BRETEL DE GRIMONVILLE.

Châlons, 1612.

† D'or au chevron de gueules chargé d'une fleur de lys du champ et accompagné de trois molettes d'éperon d'azur, au chef de même chargé d'une couleuvre contournée d'argent.

BRICONNET (JACQUES-ALEXANDRE), seigneur du Bouchet et d'Auteuil, conseiller au parlement, mort le 12 mai 1740.

Montauban, mars 1740.

† D'azur à la bande componée d'or et de gueules de cinq pièces, chargée sur le premier compon de gueules, d'une étoile d'or, accompagnée d'une autre de même en chef.

BRIFFE (*Voir* La BRIFFE).

BRUNET D'ÉVRY (GILLES), seigneur de la Palisse, baron de Chatel Montagne.

Riom, 1720. — *Moulins*, 1723.

† Écartelé : aux 1 et 4, d'or au levrier colleté d'or, à la bordure crénelée de sable ; aux 2 et 3 d'argent à la tête de maure de sable tortillée d'argent.

C

CALONNE (CHARLES-ALEXANDRE de), comte. d'Hannonville, baron d'Arnes, seigneur de Tillot, Dommartin, etc., devenu premier ministre le 2 novembre 1783.

Metz, 7 octobre 1756. — *Lille,* mai 1778.

Portrait gravé par Bréa, Levacher, Brendey, d'après Mⁿᵉ Lebrun, lithographié par Delpech et Mauzaisse.

† D'argent à l'aigle de sable, becquée et membrée de gueules.

CAMUS DE BEAULIEU.

Besançon, 1674. — *Perpignan,* 1675.

CAMUS DE PONTCARRÉ DE VIARMES.

Rennes, 1735.

† D'azur à l'étoile d'or accompagnée de trois croissants d'argent.

CAMUS DE PONTCARRÉ DE VIARMES.

Rennes, 1774.

† D'azur à l'étoile d'or accompagnée de trois croissants d'argent.

CAMUS DES TOUCHES.

Hainaut, 1665-1667.

† D'azur à l'étoile d'or accompagnée de trois croissants d'argent.

CARDIN LE BRET (PIERRE), maître des requêtes, président du parlement de Provence. Mort en 1710.

Grenoble, 1663. — *Limoges*, 1681. — *Lyon*, 1686. — *Aix*, 1687.

Voir sa correspondance à la Bibliothèque Impériale.

Portraits gravés : 1º par Cundier, d'après Philippe de Champagne ; 2º par Cundier, d'après Rigaud ; 3º par Coelmans, d'après Rigaud, in-folio.

† D'azur à la tour d'or, au chef d'argent chargé de trois mouchetures d'hermines de sable. (Armorial manuscrit des Intendants de Lyon, et Recueil W., 297, de la Bibliothèque Sainte-Geneviève.) Cependant Chevillard, dans sa planche des maîtres des requêtes, lui donne : D'or au sautoir de gueules cantonné de quatre canettes de sable, à l'écu d'argent en cœur chargé d'un lion de sable, armé et lampassé de gueules.

CARDIN LE BRET (Pierre), comte de Selles, seigneur de Flacourt et Pantin ; fils du précédent, aussi premier président du parlement de Provence.

Pau, 3 avril 1703. — *Aix*, 6 avril 1704.

Portraits gravés : 1º par N..., in-fº. en manière noire ; 2º par Jacques Coelmans, 1709, in-fº.; 3º par Cundier, d'après Rigaud, 1724, in-fº.; 4º le même, 1727, par Thomassin, d'après de Troy, 1702, in-4º.

† D'azur à la tour d'or, au chef d'argent chargé de trois mouchetures d'hermines de sable.

CARLIER, vicomte d'Olly.

Hainaut, 1668. — *Perpignan*, 1670.

CARRÉ DE MONTGERON (Guy).

Limoges, 1708.

† D'argent à un rameau de deux branches d'olivier de sinople, fourchu et passé en sautoir et fruité de gueules, la tige accottée de deux roses de même ; au chef d'azur chargé de trois étoiles d'or.

CAUMARTIN (*Voir* Le Febvre).

CAZE (Gaspard-Henri), baron de la Bove, seigneur de Montchalons, Orgeval, Grand et Petit-Juvincourt, Bièvres, Ployart, Arancy et Damary.

Auch, et *Pau,* février 1744 au 1er mars 1749. — *Châlons,* 1749.

† D'azur au chevron d'or accompagné en chef de deux losanges et en pointe d'un lion, le tout aussi d'or.

CAZE (GASPARD-LOUIS), baron de la Bove.

Grenoble, 1784.

† D'azur au chevron d'or accompagné au chef de deux lozanges et en pointe d'un lion, le tout aussi d'or.

CHAMILLART (GUY). Mort en 1675.

Caen, 1666.

Portrait peint et gravé par Nanteuil, 1661, in-f°.

† D'azur à une levrette d'argent colletée de gueules, au chef d'or chargé de trois étoiles de sable.

CHAMILLARD (MICHEL), devenu intendant des finances, ministre d'État, secrétaire d'État, avec le département de la guerre.

Rouen, 1689.

† D'azur à une levrette d'argent colletée de gueules, au chef d'or chargé de trois étoiles de sable.

CHAMPIGNY (de). Mort en 1638.

Aix, 1638.

CHANTEREAU-LEFEBVRE (LOUIS).

Metz, 1633.

† Écartelé et les 4 d'azur à deux levriers d'argent, l'un sur l'autre et 2 et 3 d'argent au lion de sable.

CHAPONAY (HUMBERT de), chevalier, seigneur de l'Isle-de-Mean Beauregard et la Chartonnière, maître des requêtes.

Lyon, 1634.

Portrait gravé par M. Lasne, 1638, in-4°, par Sprinx, in-f°.

† D'azur à trois coqs d'or, barbés, crêtés et membrés de gueules Devise : *Gallo canente spes redit.*

CHARRETON (Jacques de), seigneur de la Terrière.

Montauban, 1642.

† D'azur au lion d'or accompagné, au canton dextre du chef, d'une étoile *alias* même, *alias* d'un croissant d'argent.

CHARRON (Jean-Jacques), vicomte, puis marquis de Menars, vicomte de Conflans, seigneur de Neuville, Cours-sur-Loire et Nozieux, maître des requêtes, surintendant de la maison de la reine.

Orléans, 1674. — *Châlons*, 1674. — *Paris*, 1681.

Portraits gravés : 1° par Antoine Vallet, d'après J. Garnier, in-4°; 2° par N..., médaillon avec figures in-4°.

† D'azur au chevron d'or accompagné de trois étoiles de même.

CHARRUEL (Jacques).

Metz, 1682. — *Lorraine*, 1682.

† D'azur au chevron d'or accompagné de trois rencontres de cerf de même.

CHAULNES (Jacques de), seigneur d'Espinay, lieutenant-général des eaux et forêts à Paris, reçu maître des requêtes le 5 février 1637.

Riom, 1638. — *Amiens*, 1643.

† D'azur au chevron d'or accompagné de trois clous d'argent.

CHAUMONT (Antoine-Martin), marquis de la Galaizière.

Soissons, 1731.

Portrait gravé par Beauvarlet (ovale).

† D'argent à un mont de sable dont le sommet est flambant d'une flamme de gueules, d'où sort de la fumée de chaque côté, roulée en forme de volute.

CHAUMONT DE LA GALAIZIÈRE, comte de Chaumont-sur-Moselle, marquis de Bayon, sieur de Rosime, conseiller d'État.

Montauban, 1756. — *Lorraine et Barrois*, 1758.— *Alsace*, 1779.

Portrait gravé par Ch. Guérin, 1781.

† D'argent à un mont de sable dont le sommet est flambant d'une

flamme de gueules, d'où sort de la fumée de chaque côté, roulée en forme de volute.

CHAUMONT DE LA MILLIÈRE (Jacques-Louis).

Limoges, 1752.

† D'argent à un mont de sable dont le sommet est flambant d'une flamme de gueules, d'où sort de la fumée de chaque côté, roulée en forme de volute.

CHAUVELIN (Louis), seigneur de Grisenoire ou Crisenois, conseiller au parlement en 1667, conseiller d'État en 1691.

Besançon, 1677. — *Amiens*, 1684-1694.

† D'argent au chou pommé et arraché de sinople, le tronc accolé d'un serpent d'or, la tête en haut.

CHAUVELIN (Bernard), fils du précédent, seigneur de Beauséjour, maître des requêtes, conseiller d'État en 1731, secrétaire de l'ordre du Saint-Esprit. Mort le 16 octobre 1755, à l'âge de quatre-vingt-trois ans.

Grenoble, 1700. — *Amiens*, 1718-1731.

† D'argent au chou pommé et arraché de sinople, le tronc accolé d'un serpent d'or.

CHAUVELIN (Jacques-Bernard), seigneur de Beauséjour, fils du précédent, maître des requêtes, directeur de la Librairie, intendant des finances en 1751. Mort à Paris, le 14 mars 1767, âgé de soixante-sept ans.

Tours, 1711. — *Alençon*. — *Amiens*, 1731 à 1751.

† D'argent à chou pommé et arraché de sinople, le tronc accolé d'un serpent d'or.

CHAZERAT (Charles-Antoine-Claude de), chevalier, vicomte d'Aubusson et de Montel, baron de Lignat, Boret, Codignac, seigneur de Ligones, Seychalles, Mirabelle, Saint-Agoulin, etc., premier président du Conseil supérieur de Clermont-Ferrand.

Riom, 1773.

† D'azur à l'aigle éployée d'or, à la bordure de gueules chargée de huit besants d'argent.

CHIENS (Voir Deschiens).

CHOISY (Jean-Baptiste de), seigneur de Beaumont et de Balleroy.
Châlons, 1635. — Metz, 1662. — Lorraine, 1662. — Riom, 1662.

CLUGNY (Jean-Étienne-Bernard de), baron de Nuits-sur-Armençon, seigneur de Praslay, Saint-Marc et Marnay, contrôleur général en 1776.
Bordeaux, 1773. — Perpignan, 1774. — Auch et Pau, 10 janvier au 20 février 1776.

† D'azur à deux clefs d'or adossées et posées en pal, les anneaux liés.

COLBERT (Charles), marquis de Croissy, seigneur de Torcy, etc., ministre et secrétaire d'État, successivement président au conseil d'Alsace et au parlement de Metz, maître des requêtes, ambassadeur en Angleterre, à Aix-la-Chapelle, second plénipotentiaire à Nimègue. Mort le 28 juillet 1696, âgé de soixante-sept ans.
Alsace, 1656. — Metz, 1661. — Lorraine, 1661. — Poitiers, 1663. — Tours, 1663. — Amiens, 1666. — Paris.

Portraits gravés : 1° par Masson, d'après Gaspard, 1681, in-f°.; 2° par Édelinck, d'après Rigaud, 1691, in-f°.; 3° par H.-H. Quitter, in-f°., en manière noire ; 4° par Larmessin.

† D'or à la guivre d'azur posée en pal.

COLBERT (Michel), conseiller au parlement de Paris, maître des requêtes, neveu de Colbert de Saint-Pouenge. Mort en 1694.
Alençon, 1672.

† D'or à la guivre d'azur posée en pal.

COLBERT (Jean-Baptiste), seigneur de Saint-Pouenge, conseiller d'État en 1658.

Metz, 1658. — *Lorraine,* 1658.

Portrait indiqué dans Lelong.

† D'or à la guivre d'azur posée en pal.

CONTI (N... de).

Limoges, 1638.

† D'or à trois maillets de gueules?

CORBERON (*Voir* Bourée de).

CORDIER-DELAUNAY (Louis-Guillaume-René).

Caen, 1787.

† D'azur au chevron d'or accompagné de trois croissants d'argent.

COURTIN (Honoré), seigneur de Chanteraine et des Mesnus, conseiller au parlement de Rouen en 1640, maître des requêtes en 1649, employé dans plusieurs ambassades et à des missions diplomatiques. Mort à Paris, doyen du conseil d'État, le 23 décembre 1703, âgé de 77 ans, après avoir été ambassadeur en Hollande, en Suède et en Angleterre.

Amiens, 1663.

Portrait gravé par Nanteuil, 1668, in-f°.

† D'azur à trois croissants d'or.

D'après La Chenaie des Bois, et un jeton indiqué par M. Dulcau, les armes de ce personnage seraient : D'azur à la fasce ondée d'argent accompagnée en chef d'un lion issant d'or et en pointe de trois trèfles du même.

CREIL (Jean de), marquis de Creil-Bournezeau.

Moulins, 1685. — *Orléans,* 1686.

† D'azur au chevron d'or accompagné de trois clous du même.

CREIL (Jean-François), marquis de Creil-Bournezeau.

La Rochelle, 1716. — *Metz,* 1720.

† D'azur au chevron d'or accompagné de trois clous du même.

CREIL (Jean de), seigneur de Soisy.

Rouen, 1672.

† D'azur au chevron d'or chargé de trois molettes d'éperon de sable et accompagné de trois roses d'or (?).

D

DAGAY (*Voir* Agay).

DAINE (*Voir* Aine).

DELAPORTE (Pierre-Jean-François), marquis de Presles, Mers, etc.
Moulins, 1742. — *Grenoble*, 1744.

DEPONT· (Jean), seigneur de Mandevoux, Forges, Puidebouard et autres lieux, conseiller du roi en tous ses conseils, maître des requêtes honoraire, conseiller honoraire au parlement de Paris.
Moulins, 1765. — *Metz*, 1778.

DES CHIENS ou DESCHIENS DE LANEUVILLE (Charles), seigneur de Lalongue et Vialer, président au parlement de Navarre.
Béarn, 2 août 1710 au 29 avril 1711. — *Besançon*, 1718.

† D'azur au lion d'or lampassé de gueules au chef cousu de même, chargé de trois têtes de lévriers d'argent accolées de sable.

DESMARETS (Jean-Baptiste), seigneur de Vaubourg, baron de Cramaille.
Soissons, 1665. — *Béarn*, 13 août 1685 au 9 mai 1687. — *Riom*, 1687. — *Metz* et *Lorraine*, 1691.

† D'azur au dextrochère d'argent, tenant trois lys du même mouvant d'une seule tige.

DODART.

Bourges, 1754. *1728 — 1767*

Portrait gravé de Denis Dodart, de l'Académie des Sciences, par Wattelet, d'après Cochin, 1753.

† D'azur au sautoir d'argent cantonné de quatre besants d'or.

DOGUIN ou DAQUIN (Antoine), chevalier, seigneur de Château-Renard.

Moulins, 1690.

† Bandé d'or et de gueules, au chef d'azur, chargé d'un lion léopardé d'or.

DORIEU (Nicolas), chevalier.

Soissons, 1667. — Limoges, 1669.

† D'azur à la bande d'or chargée de trois molettes de gueules.

DOUET-DE LA BOULLAYE (Gabriel-Isaac).

Auch, 28 janvier 1776, — 21 octobre 1782.

DOUJAT (Jean-Charles), chevalier, maître des requêtes ordinaire de l'hôtel du roi.

Poitiers, 1705. — Hainaut, 1708. — Moulins, 1719.

† D'azur au griffon d'or couronné d'une couronne ducale du même.

DREUX (Philippe de).

Caen, 1675.

DREUX DU GUÉ (Louis), seigneur de Bagnols, maître des requêtes, conseiller d'État en septembre 1694. Mort à Paris le 9 octobre 1709, âgé de 64 ans.

Lille, août 1684.

Portrait gravé par Ét. Gantrel, 1688, in-f°., m.

† Écartelé 1 et 4 d'argent à deux pals de sable et 2 et 3 d'argent au chevron de sable accompagné de trois abeilles de même.

DU BOIS ou DUBOIS (Nicolas), seigneur de Baillet.
Montauban, 1684.

DUCLUZEL (François-Pierre), marquis de Montpipeau.
Tours, 1766.

Portraits gravés : 1° par Beauvarlet, d'après Roslin (Fonds de Basan, n° 2186); 2° aussi par Beauvarlet, et de même d'après Roslin, en habit de chasse et tenant un fusil.

† D'or à l'arbre de sinople posé sur une terrasse de même; au chef de gueules chargé de trois croissants d'argent.

DUFOUR DE VILLENEUVE (Jean-François), maître des requêtes en 1744, président du grand conseil en 1747, et lieutenant civil au Châtelet en 1766.
Dijon, 1761. — *Bourges*, 1783.

Portrait gravé par R. Le Villain, d'après Mauperin, 1767, in-4°.

† D'azur au chevron d'or accompagné de trois étoiles de même.

DUGUÉ DE BAGNOLS (François).
Caen, 1661. — *Lyon*, 1666. — *Grenoble*, 1666.

Portraits gravés : 1° par Thourneyser, d'après Blanchet, Lyon, 1668, in-f°. ; 2° par les mêmes, 1679; 3° par Ogier, 1680, in-12.

† D'azur au chevron d'or accompagné de trois étoiles, 2 en chef et 1 en pointe, celle-ci surmontée d'une couronne ducale, le tout aussi d'or.

DUPLEIX (Guillaume-Joseph), chevalier, seigneur de Bucy, de Bacquencourt, etc., maître des requêtes, conseiller d'État en 1780.
La Rochelle, décembre 1765. — *Picardie*, 6 octobre 1767. — *Rennes*, 1771.

† Écartelé : aux 1 et 4 d'azur au chevron d'or accompagné en chef de

deux poissons affrontés, en fasce et en pointe d'une étoile, le tout d'argent, et aux 2 et 3 semé de carreaux d'or chargés chacun d'une étoile d'azur.

DUPRÉ DE SAINT-MAUR.

Bourges, 1766. — *Bordeaux et Auch*, 1775.

† D'argent à la fasce de sinople accompagnée de trois trèfles de même.

DU TRONCHAY (CHARLES), seigneur de Coinechour.

Caen, 1646.

† D'azur à l'aigle d'or regardant au soleil de même placé au premier canton de l'écu.

DYEL (JACQUES), seigneur de Miromesnil, conseiller du roi en ses conseils.

Rouen, 1643.

+ D'argent au chevron de sable, accompagné de trois trèfles d'azur.

E

ESMANGART (CHARLES-FRANÇOIS-HYACINTHE), seigneur des Bordes, des Feynes, etc., né le 11 mai 1736, conseiller au grand conseil, maître des requêtes, président au grand conseil en 1768.

Bordeaux, 26 mars 1770. — *Caen*, 1776. — *Lille*, 1783 à 1790.

† D'azur au jars d'argent becqué d'or nageant sur une mer aussi d'argent accompagnée en chef des cinq besants d'or, 3 et 2.

ESTAMPES (JEAN), conseiller au parlement en 1619, maître des requêtes, conseiller d'État, président au grand conseil, ambassadeur

5

chez les Suisses en 1637, puis en Hollande. Mort le 4 avril 1671, âgé de 77 ans.

Tours, 1630.

Portrait gravé par J. Frosne, in-f°.

† D'azur à deux girons d'or mis en chevron au chef d'argent chargé de trois couronnes ducales de gueules, mises en fasce.

F

FARGES (N. de).
Bordeaux, 1766.

FAULCON (Louis de), seigneur de Ris.
Lyon, 1643.

Portrait dessiné à la bibliothèque impériale.

† De gueules à la patte de lion d'or posée en bande.

FAULCON (Charles de), seigneur de Ris, marquis de Charleval, comte de Bacqueville, conseiller au parlement de Rouen, puis maître des requêtes, premier président du parlement de Rouen en 1686. Mort en 1691.

Bordeaux, 1676. — *Moulins*, 1677.

† Écartelé 1 et 4, comme dessus (Faulcon), et 2 et 3 d'argent à la bordure engrêlée de sable, au taureau furieux, aussi de sable, chargé au cou d'un écusson d'argent surchargé d'une croix de gueules (Bucelli).

FAULTRIER (Joachim), devint abbé de Notre-Dame-des-Ardennes et de Saint-Loup de Troyes, mort à Paris le 12 mars 1709, âgé de 89 ans.

Hainaut, août 1678 à 1684.

Portrait gravé par B. Picart, 1709, d'après Poultier, médaillon in-8°.

† D'argent au lion de gueules chargé d'une fasce de sable surchargé d'une étoile du champ posée à senestre, à la bordure composée de gueules et d'or.

FAVIER (JACQUES), chevalier, seigneur du Boulay, conseiller ordinaire du roi en ses conseils, maître des requêtes.

Alençon, 1644. — *Caen*, 1659.

Portraits gravés : 1° par Humbelot, in-f° ; 2° par N. Pitau, d'après Ph. de Champagne, 1668, in-f° ; 3° par Jollain, in-f°.

† De gueules à trois concombres d'argent, les queues en haut.

FERRAND (FRANÇOIS-ANTOINE), seigneur de Villemillon, ou Ville Milan, maître des requêtes en 1660.

Montauban, 1674.

† D'azur à trois épées d'argent garnies d'or, posées en pals, celle du milieu la pointe en haut, les deux autres tournées vers le bas, à la fasce d'or brochant sur le tout.

FERRAND (ANTOINE-FRANÇOIS), seigneur de Villemillon, conseiller au Châtelet, maître des requêtes, puis conseiller d'État. Mort le 3 janvier 1731, à 77 ans.

Dijon, 1694. — *Rennes*, 1705.

Portrait gravé par Simonneau, d'après De Launay.

† D'azur à trois épées d'argent garnies d'or, posées en pals, celle du milieu la pointe en haut, les deux autres tournées vers le bas, à la fasce d'or brochant sur le tout.

FEYDEAU (DENIS), chevalier, seigneur de Brou, Prunelay, la Villeneuve, maître des requêtes, conseiller au parlement, président au grand conseil en 1690. Mort le 10 novembre 1691.

Montauban, 1673. — *Rouen*, 1686.

† D'azur au chevron d'or accompagné de trois coquilles de même, *alias* d'argent.

FEYDEAU (François), chevalier, seigneur du Plessis, conseiller à la cour des aides en 1672 et au parlement en 1675, maître des requêtes en 1684. Mort le 25 mars 1692, âgé de 46 ans, inhumé dans l'église de Pau.

Pau, 9 mai 1687 au 25 mars 1692.

† D'azur au chevron d'or accompagné de trois coquilles de même, *alias* d'argent.

FEYDEAU (Paul-Esprit), chevalier, seigneur de Brou, Prunelay, Villeneuve-aux-Aulnes, Calende, etc., conseiller au parlement, maître des requêtes, conseiller d'État en 1725, garde des sceaux le 29 septembre 1762. Mort le 3 août 1767, à Paris, inhumé à Saint-Merry.

Alençon, 1713. — *Rennes*, 1716. — *Alsace*, 14 août 1728. — *Paris*, 13 octobre 1742.

† D'azur au chevron d'or accompagné de trois coquilles de même, *alias* d'argent.

FEYDEAU (Antoine-Paul-Joseph), chevalier, marquis de Brou, né le 3 octobre 1731, conseiller au parlement en 1751. Mort le 9 juin 1762. *Rouen*, 23 juin 1755.

† D'azur au chevron d'or accompagné de trois coquilles de même, *alias* d'argent.

FEYDEAU (Charles-Henri), chevalier, marquis de Brou, baptisé le 26 août 1754, conseiller du roi en ses conseils, maître des requêtes. Mort en 1802.

Bourges, 1777. — *Dijon*, 1781. — *Caen*, 1783.

† D'azur au chevron d'or accompagné de trois coquilles de même, *alias* d'argent.

FEYDEAU (Claude-Henri) de Marville, comte de Gien, marquis de Dampierre-sous-Brou, conseiller d'État.

Auch et Pau, 17 septembre 1765 au 21 février 1766.

† D'azur au chevron d'or accompagné de trois coquilles de même, *alias* d'argent.

FLESSELLES (Jacques de), chevalier, seigneur de Champgueffier, conseiller d'État, prévôt des marchands de Paris, massacré le 14 juillet 1789.

Moulins, 1762. — *Rennes*, 1765. — *Lyon*, 1768.

† D'azur au lion d'argent, au chef d'or chargé de trois tourteaux de gueules.

FONTANIEU (Gaspard-Moïse de), chevalier, marquis de Fiennes, seigneur de Bellebrune, Saint-Aubin-sur-Mér, etc., maître des requêtes, conseiller d'État, puis premier président du grand conseil.

Grenoble, 1724.

Portrait gravé par Delongueuil, d'après Quever-o, in-4°.

† D'azur au chevron d'or accompagné en chef de deux étoiles d'argent et en pointe d'une montagne de même.

FORBIN-MEYNIER (Henri de), baron d'Oppede, 1er président d'Aix.

Aix, 1661.

Portrait gravé par Auroux, Cundier, d'après Mimaud, etc.

† D'or au chevron d'azur accompagné de trois têtes de léopard, de sable.

FORTIA (Bernard de), seigneur du Plessis, Cléreau et de Fromentières, conseiller au parlement de Normandie en 1642, maître des requêtes. Mort doyen des maîtres des requêtes en 1694.

Saintonge et *Aunis*, 1653. — *Poitiers*, 1657. — *Dijon*, 1659. — *Orléans*, 1660. — *Bourges*, 1661. — *Riom*, 1664.

† D'azur à la tour crénelée d'or, maçonnée de sable posée sur une montagne de six coupeaux de sinople.

FOUCAULT (Nicolas-Joseph), marquis de Magny, né à Paris le 8 janvier 1643, avocat général au grand conseil en 1671, maître des requêtes en 1674, conseiller d'État en 1701. Mort à Paris le 7 février 1721.

Montauban, 1675. — *Pau*, 1681. — *Poitiers*, 1685. — *Caen*, 1689.

Portrait gravé par Van Schuppen, d'après Largillière, 1698, in-f°.

† De sable au lion d'argent armé et lampassé de gueules, couronné d'or.

FOUCAULT (Nicolas-Joseph), marquis de Magny, fils du précédent.
Caen, 1700.

† De sable au lion d'argent armé et lampassé de gueules, couronné d'or.

FOULLÉ (Étienne), sieur de Prunevault.
Bordeaux, 1632. — *Montauban*, 1638, et de nouveau, 1652.

† D'argent à la fasce de gueules chargée de trois pals d'azur brochant sur le tout et accompagnée de six mouchetures d'hermine de sable, 4 et chef et deux en pointe entre les pals.

FOULLÉ (Pierre), seigneur de Primevaux ou de Prunevault.
Moulins, 1640.

† D'argent à la fasce de gueules chargée de trois pals d'azur brochant sur le tout et accompagnée de six mouchetures d'hermine de sable, 4 en chef et deux en pointe entre les pals.

FOULLÉ (Étienne-Hyacinte-Antoine), marquis de Martangis, Dournel, etc., né le 5 septembre 1678, avocat général, maître des requêtes en 1701. Mort en avril 1736.
Bourges, juin 1708. — *Alençon*, novembre 1715.

† D'argent à la fasce de gueules chargée de trois pals d'azur brochant sur le tout et accompagnée de six mouchetures d'hermine de sable, 4 en chef et deux en pointe entre les pals.

FOULON, (Joseph-Pierre-François-Xavier), baron de Doue, seigneur du marquisat de la Tournelle. Enterré au cimetière du Père-Lachaise, à Paris.
Moulins, 1788.

† De gueules à la croix d'argent posée sur une terrasse de sinople et accostée de deux lions d'or affrontés.

FOUQUET (Nicolas), ministre et surintendant des finances.

Grenoble, 1644. Paris.

24 Portraits gravés : 1º par Rousselet, in-fº ; 2º par Mellan, 1660, in-fº ; 3º par Nanteuil, 1658, in-fº ; 4º par le même, 1660, in-fº ; 5º par Larmessin (petit buste) ; 6º par Van Shuppen, in-8º ; 7º par Fr. de Poilly, d'après C. Le Brun, in-fº ; 8º par Chauveau, dans la thèse de Michel Gangnot de Mainicourt, 1660 ; 9º par N. dans Odieuvre, etc.

† D'argent à l'écureuil de gueules.

(Voir dans la revue nobiliaire de 1866, un travail de M. Juge sur la famille Fouquet.)

FOURNIER DE LA CHAPELLE (Jean-Jacques).

Auch, Pau et Bayonne, 1783 au 26 mai 1786.

FRENIERS DES COURONNES.

Limoges, 1639.

G

GALOIS (Jean-Baptiste des), seigneur de la Tour.

Poitiers, 1716. — *Limoges*, 1724. — *Rennes*, 1728.

† De sable au sautoir d'or.

GALOIS (Charles-Jean-Baptiste des) de la Tour, vicomte de Glené.

Aix, 1777.

† De sable au sautoir d'or.

GAMIN (Henri), seigneur de Peravy, Espreux, conseiller au parlement en 1638, maître des requêtes en 1644. Mort en 1651.

Amiens, 1646.

† De gueules à trois besants d'or chargés de trois faces de carnation.

GARGAN (PIERRE), intendant des finances.

Châlons, 1654.

Portrait gravé par Nicolas Regnesson, in-f°.

GENDRE (*Voir* LE GENDRE).

GASSION (JEAN de), président au parlement de Navarre.

Béarn et Navarre, 22 avril 1640 au 2 juin 1646.

† Écartelé : aux 1 et 4 d'azur à la tour d'or ; au 2 d'or à trois pals de gueules au 3 d'argent à l'arbre de sinople traversé d'un levrier de gueules courant, en pointe, accollé d'or.

GOBELIN (CLAUDE).

Orléans, 1637.

† D'azur au chevron d'argent accompagné en chef de deux étoiles d'or et en pointe d'un demi-vol de même.

GOUJON (JEAN-PROSPER), seigneur de Gasville, de Coulte, d'Yville et de Thouvigny, baron de Chasteauneuf, maître des requêtes.

Rouen, 1716.

† D'azur à une rivière d'argent en pointe surmontée de deux goujons d'argent en sautoir.

GOURGUES (JACQUES-ARMAND de), marquis de Vaeres et d'Aunay.

Limoges, 1683. — *Caen*, 1686.

† D'azur au lion d'or armé et lampassé de gueules, accompagné au chef de deux étoiles de même.

GOURGUE (ALEXIS-FRANÇOIS-JOSEPH de).

Montauban, 1761.

GOUX (*Voir* LE GOUX).

GRAS (*Voir* LE GRAS).

GRAVIER (Charles), marquis de Vergennes.

Auch et *Pau*, 24 juin 1782 au mois de février 1784. — *Montauban*, 1784.

† Parti : au 1 de gueules à trois oiseaux d'argent, essorant, posés 2 et 1, les deux du chef affrontés ; au 2, de gueules à la croix d'argent chargée d'un écusson d'azur à la feuille d'or tigée et feuillée de sinople.

GUÉAU DE REVERSEAUX (Jacques-Philippe-Isaac), chevalier comte de Marmaignac.

Moulins, 1778. — *La Rochelle*, 1781.

† Écartelé : 1 et 4 d'azur à la croix de Jérusalem d'or au chef, cousu de gueules chargé d'un gland feuillé d'or, la tige est or ; aux 2 et 3, d'azur au chevron d'or accompagné de trois croissants d'argent.

GUÉ (*Voir* Du Gué).

GUERCHOIS (*Voir* Le Guerchois).

GUIGNARD (Léon-Emmanuel de), chevalier, vicomte de Saint-Priest, conseiller du Roi, maître des requêtes ordinaires.

Montpellier, 1751.

† Écartelé : aux 1 et 4 d'argent à trois merlettes de sable ; aux 2 et 3 d'azur au chevron d'argent accompagné au chef de deux tours d'or maçonnées de sables.

GUIGNARD (Marie-Joseph-Emmanuel), vicomte de Saint-Priest.

Montpellier, 1764. — Adjoint à son père le 26 mai 1764. — *Languedoc*.

† Écartelé : aux 1 et 4 d'argent à trois merlettes de sable ; aux 2 et 3, d'azur au chevron d'argent accompagné au chef de deux tours d'or maçonnées de sables.

GUYET (François), chevalier, marquis de Bantanges, comte de Louhans, baron de Saint-Germain-du-Plain, Ouroux, seigneur de la Faye, Simandre et Chamirey, maître des requêtes.

Lyon, 1701.

† D'azur à deux chevrons d'or accompagnés en pointe d'un croissant de même.

GUYNET (François), seigneur d'Arthel.

Caen, 1711.

† De sable à trois fontaines d'argent, 2 et 1.

H

HARLAY (Louis-Auguste-Achille de), sieur de Cely.

Pau, 2 octobre 1712. — *Metz*, 9 octobre 1715. — *Alsace*, 1724. — *Paris*.

† D'argent à deux pals de sable.

HARLAY (Nicolas-Auguste de), seigneur de Bonneuil, maître des requêtes en 1675, conseiller d'État, plénipotentiaire pour la paix de Riswick. Mort le 2 avril 1704, âgé de 57 ans.

Dijon, 1683.

Portrait gravé par Etienne Gantrel, 1700, in-f° m. 2 par Boulanger d'après Revel.

† D'argent à deux pals de sable.

HARROÜYS (André d'), seigneur de la Seilleraye, maître des requêtes.

Besançon, 1700. — *Châlons*, 1703.

† D'or à trois bandes de gueules chargées chacune de trois têtes de licorne d'argent.

HAY (Paul), seigneur du Chastelet, avocat général au parlement de Bretagne en 1618, maître des requêtes en 1623.

Dijon, 1629.

† De sable au lion mort-né d'argent.

HÉRAULT (René), seigneur de Fontaine-l'Abbé, lieutenant de police de Paris. Mort en 1710.

Tours, 1722.

Portrait gravé : 1° par Liotard, d'après Liotard, in-f°; 2° par Dupin dans Odieuvre, in-12 ; 3° par Bernigeroth, in-8°.

HEERRE (Denis de), seigneur de Vaudois, maître des requêtes en 1636. Mort en 1656.

Tours, 1643. — *Dijon*, 1650.

† D'argent au chevron de sable, accompagné en chef de deux coquilles de même et en pointe d'une étoile de gueules.

HERE (Henri de).

Grenoble, 1648.

HERVART (Jean).

Grenoble, 1650.

HOTMAN (Vincent), seigneur de Fontenay, maître des requêtes, intendant des finances et conseiller d'État. Mort le 14 mai 1683.

Bordeaux, 1658. — *Montauban*, 1658. — *Béarn et Navarre*, 1658. — *Paris*, 1673.

Portrait gravé : 1° par Simon, in-f°; 2° par Lenfant, 1671, in-f°.

† Parti émanché d'argent et de gueules.

HUE (Thomas), seigneur de Miromesnil, Laroque, Larengy, maître des requêtes honoraire et président au grand conseil. Mort en août 1702.

Poitiers, 1672. — *Chalons*, 1674. — *Tours*, 1689.

Portrait gravé par G. Vallet, d'après Ant. Paillet, in-f°.

† D'argent à trois hures de sanglier de sable.

J

JALLAIS (N. de).

Perpignan, 1730.

JEANNIN DE CASTILLE.

Châlons, 1643.

Portrait gravé par Lombart, in-4°, par Chauveau.

† Ecartelé : au 1 et 4, d'azur au château sommé de trois tours d'or (Castille) ; et au 2 et 3, d'azur à un croissant d'argent surmonté d'une flamme d'or (Jeannin).

JOLY DE FLEURY DE LA VALETTE (JEAN-FRANÇOIS), maître des requêtes en 1743, président au grand conseil en 1746, conseiller d'État ordinaire en 1761. Mort à 82 ans, le 13 décembre 1802.

Dijon, 1749.

† D'azur au lys de jardin d'argent, au chef d'or chargé d'une croix pattée de sable.

JOURNET (ETIENNE-LOUIS), baron de Beauche, seigneur de Chevannes et Saint-Georges.

Auch et Pau, 9 janvier 1768 au 25 décembre 1775.

JUBERT DE BOUVILLE (MICHEL-ANDRÉ), chevalier, marquis de Dizy, maître des requêtes, conseiller d'État. Mort en 1720.

Limoges, 1677. — *Moulins*, 1679. — *Alençon*, 1684. — *Limoges*, 1690. — *Bourges*. — *Orléans*, 1708.

Portrait gravé par Beaufrère, in-f° maj.

† Écartelé aux 1 et 4 d'azur à la croix d'or ; aux 2 et 3 aussi d'azur à cinq fers de pique d'argent, posés 3 et 2.

JUBERT DE BOUVILLE (André). chevalier, marquis de Bizy.

Alençon, 1708. — *Orléans*, 1713.

† Écartelé aux 1 et 4 d'azur à la croix d'or ; aux 2 et 3 aussi d'azur à cinq fers de pique d'argent, posés 3 et 2.

JUBERT DE BOUVILLE (Louis-Guillaume), marquis de Clerc-Panilleuse, baron de Dangu, seigneur de Saint-Martin aux Busseaux et de Vivemerville.

Orléans, 1731.

† Écartelé aux 1 et 4 d'azur à la croix d'or ; aux 2 et 3 aussi d'azur à cinq fers de pique d'argent, posés 3 et 2.

JULLIEN (Antoine-Jean-Baptiste).

Alençon, 1766.

L

LA BOURDONNAYE (Yves-Marie de) comte de Couëtion, maître des requêtes honoraire.

Poitiers, 1690. — *Rouen*, 1695. — *Bordeaux*, 1700. — *Orléans*, 1709.

† De gueules à trois bâtons de pèlerins d'argent, posés en pals 2 et 1.

LA BOURDONNAYE (Louis-François de) seigneur de Launay-Loy-selinière.

Rouen, 1733.

LA BOURDONNAYE (Paul-Esprit-Marie de), comte de Blossac, marquis du Tymeur.

Poitiers, 1751.

LA BOURDONNAYE DE BLOSSAC (Charles-Esprit-Marie de), fils du précédent.

Poitiers, 1782. — *Soissons,* 1785.

Portrait lithographié de Villain, in-4°.

† De gueules à trois bâtons de pèlerins d'argent, posés en pals 2 et 1.

LA BOVE (N. de).

Rennes, 1778.

LA BRIFFE (N... de).

Rouen, 1686.

LA BRIFFE (Pierre-Arnault), marquis de Ferrière, maître des requêtes en 1701. Mort à Dijon le 7 avril 1740, à 62 ans.

Caen, 1709. — *Dijon,* 1712.

† Écartelé : au 1 d'argent à la fasce de gueules chargée de trois étoiles d'or et accompagnée de trois têtes de maures de sable liées d'argent; au 2 d'argent au lion de gueules, à la bordure aussi d'argent chargée de six annelets de gueules ; au 3 d'azur à trois mains dextres d'or, au franc quartier échiqueté d'argent et d'azur (Potier) ; au 4 d'argent au lion de sable accompagné de trois maillets de gueules , sur le tout, comme au 2e quartier. Chevillard donne aussi les armes de Pierre Arnault dans sa planche des maîtres des requêtes. La Chesnaye indique seulement le second quartier, mais avec quelques variantes : d'argent au lion de gueules, à la bordure d'argent chargée de six merlettes de sable, trois en chef, une à chaque flanc et une en pointe.

LA BRIFFE (Louis-Arnault de), vicomte de Mortain et de Barzy. Né en 1705, mort à Caen, en juillet 1752.

Caen, mai 1740.

† Écartelé : au 1 d'argent à la fasce de gueules chargée de trois

étoiles d'or et accompagnée de trois têtes de maures de sable liées d'argent; au 2 d'argent au lion de gueules, à la bordure aussi d'argent chargée de six annelets de gueules; au 3 d'azur à trois mains dextres d'or, au franc quartier échiqueté d'argent et d'azur (Potier); au 4 d'argent au lion de sable accompagné de trois maillets de gueules, sur le tout, comme au 2e quartier. Chevillard donne aussi les armes de Pierre Arnault dans sa planche des maîtres des requêtes. La Chesnaye indique seulement le second quartier, mais avec quelques variantes : d'argent au lion de gueules, à la bordure d'argent chargée de six merlettes de sable, trois en chef, une à chaque flanc et une en pointe.

LACORÉ (Charles-André de).

Montauban, 1759. — Besançon, 1762.

LAFFEMAS (Isaac de), sieur de Humont, successivement avocat au parlement, secrétaire du roi, avocat général à la chambre des requêtes, conseiller d'État en 1625, lieutenant civil de Paris de 1637 à 1643; il rentra, après cette époque, au conseil d'État et mourut en 1657.

Châlons et Metz, 1633. — Amiens, 1635.

Portraits gravés : 1º par M. Lasne, 1639, in-fº; 2º par N...., in-4º ovale; 3º par Moncornet.

† D'argent à l'arbre arraché de sinople.

LAFOND (Claude de).

Besançon, 1683. — Alsace, 1698.

† D'or à trois hures de sanglier de sable, arrachées de gueules.

LAGRANGE (Jacques).

Alsace, 1674.

LAGUETTE DE CHAZÉ (Henri).

Grenoble, 1641.

† D'azur à une fasce d'or, accompagnée de trois étoiles de même.

LAISNÉ (Henri de).

Grenoble, 1638.

LAISNÉ (Louis), seigneur de la Marguerie, maître des requêtes en 1644, conseiller d'État, premier président du parlement de Dijon en 1651.

Montauban, 1646. — Rouen, 1650. — Dijon, 1653.

† D'argent à une fasce de sable accompagnée de trois mollettes de même.

LALLEMANT (Louis-François), chevalier, comte de Levignom, seigneur de Betz, Maqueline et Ormoy.

Alençon, 1727.

† De gueules au lion d'or.

LA MARGUERIE (*Voir* Laisné).

LAMBERT (Henri-François), seigneur d'Herbigny, marquis de Thibouville, né le 3 novembre 1623, conseiller au parlement en 1650, maître des requêtes en 1660, conseiller d'État. Mort le 29 juin 1701.

Moulins, 1666. — Châlons, 1666. — Bourges, 1667. — Grenoble, 1679. — Montauban, 1692. — Lyon, 1694. — Rouen, 1694, et de nouveau Rouen, 1701.

† D'azur au lion d'or armé et lampassé de gueules, au chef d'argent chargé de trois étoiles de gueules.

LA MICHODIÈRE (Jean-Baptiste-François de), comte de Hauteville, seigneur de Romène, depuis prévôt des marchands.

Riom, 1753. — Lyon, 1757. — Rouen, 1763.

Portrait gravé par Moles d'après Duplessis, in-f°.

† D'azur à la fasce d'or, chargée d'un levrier courant de sable accolé de gueules.

LAMOIGNON (Nicolas de), comte de Launay, Courson, seigneur de Brie, Vaugrigneuse, Chavagné.

Poitiers, 1682.

† Losangé d'argent et de sable, au franc quartier d'hermines.

LAMOIGNON (Nicolas de), de Basville, maître des requêtes. Né en 1648, mort en 1721.

Languedoc, 1685. — *Montpellier*, 1687.

Portraits gravés : 1º par Et. Picart, 1666, d'après Ant. Paillot; 2º par Masson, 1676, in-fº ; 3º par Hubert, in-8º.

† Losangé d'argent et de sable, au franc quartier d'hermines.

LAMOIGNON DE COURSON (Urbain-Guillaume de), comte de Launay, maître des requêtes.

Bordeaux, 1709.

† Losangé d'argent et de sable, au franc quartier d'hermines.

LA NEUVILLE (*Voir* Deschiens).

LA PORTE (*voir* Delaporte et Moulin).

LARCHER (Michel), marquis d'Olisy, baron de Baye, sénéchal de Vermandois, président en la chambre des comptes de Paris.

Rouen, 1689. — *Châlons*, 1692.

Portraits gravés : 1º par Landry, d'après J. Dieu, 1664, in-fº; 2º par par J. Colin, d'après Jean Hélart, à Reims, 1671, in-fº.

⚜ D'azur au chevron d'or accompagné en chef de deux roses d'argent et en pointe d'une croix patriarcale de même.

LAUBARDEMONT (Pierre-Martin de).

Tours, 1637.

LAUGEOIS (Jean-Baptiste-Louis), seigneur d'Imbercourt.

Soissons, 1712. — *Montauban*, 1714.

† D'azur à la tour d'argent maçonnée et ajourée de sable, au chef d'hermines.

LE BLANC (Louis), conseiller au Châtelet, puis à la cour des aides, maître des requêtes.

Rouen, 1676.

Portrait gravé par Jollain, d'après Henry Jesselin, in-f°.

† De gueules à l'aigle d'or.

LE BLANC (Claude), seigneur de Passy, Essigny, Saint-Nicolas, etc., ministre et secrétaire d'État de la guerre.

Riom, 1704. — *Rouen*, 1704. — *Dunkerque, 12 juin 1708.* — *Bordeaux*, 1716.

Portraits gravés : 1° par le P. Crepy ; 2° par P. Drevet, d'après Le Prieur, in-4°, en tête de l'édition de Polybe du Cher de Folard, Paris, 1727 ; 3° par Desrochers, in-8°, et six autres in-12 et in-18.

LE BRET (*Voir* Cardin).

LE BRET.

Rennes, 1754.

LE CAMUS.

Montpellier, 1633. — *Châlons*, 1645.

LE CAMUS (Jean).

Riom, 1669.

Portrait gravé par Nanteuil, in-f°.

LE CAMUS (Étienne-Léon), seigneur de la Grange. Mort à Pau le 14 juillet 1710.

Pau, 15 mars 1710.

† De gueules, au pélican d'argent, ensanglanté de gueules dans son aire, au chef cousu d'azur, chargé d'une fleur de lys d'or.

LE CAMUS (François-Claude-Michel-Benoit), seigneur châtelain patron de Néville, du Port de Navarre et Bourg-Charente.

Pau et Bayonne, 9 janvier 1784 au 31 août 1785. — *Bordeaux*, 1787.

LE CLERC DE LESSEVILLE (Charles-Nicolas), comte de Charbonnières, baron d'Authon, seigneur de Saint-Prix et Rubelles.

Limoges, 1717. — Auch et Pau, 7 mars 1718 au 13 avril 1731. Tours 3 9

† D'azur à trois croissants d'or, au lambel de même en chef.

LE FEBVRE (François-Louis), seigneur de Caumartin, né le 16 juillet 1624, conseiller au parlement en 1644, maître des requêtes le 14 juin 1653, conseiller d'État en 1672. Mort le 6 mars 1687.

Châlons, 1666.

Portraits gravés : 1º par Crosne, in-8º; 2º par J. Colin, à Reims, in-fº; 3º par Van Schupen, d'après de Troy, in-fº.

† D'azur à cinq trangles ou burelles d'argent.

LE FEBVRE DE CAUMARTIN (N.).

Soissons, 1638.

† D'azur à cinq trangles ou burelles d'argent.

LE FEBVRE DE CAUMARTIN (Antoine-Louis-François), marquis de Saint-Ange, comte de Moret, seigneur de Caumartin, Boissy-le-Chatel, Villecerf, Dormelle, Ville-Saint-Jacques, Plagy, etc., grand'croix, chancelier et garde des sceaux de l'ordre de Saint-Louis.

Metz, 1754. — Lille, 1756.

† D'azur à cinq trangles ou burelles d'argent.

LE FEBVRE DE CAUMARTIN DE SAINT-ANGE (Marc-Antoine).

Besançon, 1784.

† D'azur à cinq trangles ou burelles d'argent.

LE FEBVRE D'EAUBONNE (André-Robert), seigneur de Rizeis. Né le 12 mai 1681, maître des requêtes.

Soissons, 1714.

† D'azur à trois lys de jardin d'argent, fleuris d'or, tigés et feuillés de sinople.

LE FEBVRE (Antoine), chevalier, seigneur de la Barre, maître des requêtes le 4 mars 1653. Mort le 4 mai 1688.

Moulins, 1644. — *Grenoble*, 1655. — *Riom*, 1660.

† Écartelé : aux 1 et 4 d'azur à un chevron sommé d'une tour et accompagné en chef de deux étoiles et en pointe d'une fleur de souci tigée et feuillée, le tout d'or (Le Febvre) ; 2 et 3 d'azur au chevron d'or accompagné en chef de deux étoiles du même et en pointe d'un mouton passant d'argent (Séguier).

LE FÈVRE ou LEFÈVRE (Olivier), seigneur d'Ormesson et d'Amboille, né le 28 décembre 1616, conseiller au parlement en 1636, maître des requêtes en 1643, adjoint, en 1650, à Nicolas Fouquet, pour exercer les fonctions d'intendant de généralité de Paris, rapporteur du procès de Fouquet. Mort le 4 novembre 1685 et inhumé à Saint-Nicolas des Champs.

Amiens, décembre 1656. — *Soissons*, 1662.

Portraits gravés : 1° par Masson, 1665, in-f° ; 2° par Simon, in-f°.

† D'azur à trois lys de jardin d'argent, fleuris d'or, tigés et feuillés de sinople.

LE FÈVRE (André), seigneur d'Ormesson, conseiller au grand conseil, maître des requêtes. Mort en 1684.

Lyon, 1682.

Portrait gravé par Boulanger d'après Blanchet, in-f°.

† D'azur à trois lys de jardin d'argent, fleuris d'or, tigés et feuillés de sinople.

LE FÈVRE (Antoine-François-Paul), baron du Cheray, seigneur d'Ormesson, de la Sacière-les-Tournelles, maître des requêtes.

Rouen, 1695. — *Riom*, 1695. — *Soissons*, 1712.

† D'azur à trois lys de jardin d'argent, fleuris d'or, tigés et feuillés de sinople.

LE FÈVRE D'ORMESSON (N.....).

Besançon, 1717.

† D'azur à trois lys de jardin d'argent, fleuris d'or, tigés et feuillés de sinople.

LEGENDRE (Gaspard-François), seigneur de Lormoy, maître des requêtes.

Montauban, 1700.

† D'azur à la fasce d'argent accompagnée de trois têtes de femmes de carnation.

LE GENDRE (Gaspard-François *alias* Gaspard-Honoré), vicomte de Montclar, baron de Salvagnac, seigneur de Puycelsy et Montdurause.

Auch et *Pau*, 29 mars 1716 au 5 juillet 1718. — *Tours*, 7 mars 1718.

† D'azur à la fasce d'argent accompagnée de trois têtes de femmes de carnation.

LE GENDRE (Gilbert-Charles), marquis de Saint-Aubin.

Tours, 1720.

† D'azur à la fasce d'argent accompagnée de trois têtes de femmes de carnation.

LE GOUX (Pierre-Urbain), seigneur de la Berchère, marquis de Dinteville et Santenay, comte de la Rochepot, baron de Choisy *alias* Toisy, conseiller du roi en ses conseils, maître des requêtes ordinaire.

Moulins, 1681. — *Riom*, 1684. — *Montauban*, 1685. — *Rouen*, 1692.

† D'argent à la tête de maure de sable liée d'argent, accompagnée de trois molettes de gueules.

LE GRAS (N....).

Orléans, 1652.

LE GRAS.

Perpignan, 1725.

6

LE GUERCHOIS (Pierre-Hector), chevalier, seigneur de Sainte-Colombe, de Rosé, de Percy, de la Garenne, d'Averton, de Coursite.

Alençon, 1705. — *Besançon*, 1708.

† D'azur au lion d'argent, lampassé de gueules.

LEGAY.

Riom, 1616.

LE JAY (Charles), baron de Tilly et de la Maison-Rouge, de Saint-Fargeau et de Villiers-sur-Seine, les Solles, conseiller au grand conseil en 1638, maître des requêtes le 28 février 1642. Mort en 1671.

Lorraine, 1652. — *Metz*, 1652. — *Tours*, 1661. — *Bordeaux*, 1663.— *Limoges*, 1664.

† D'azur à une aigle d'or, cantonnée d'un soleil et de trois aiglons de même.

LE MAISTRE DE BELLEJAMBE (Louis), conseiller au parlement en 1618, maître des requêtes en 1628, conseiller d'État en 1646. Mort en 1666.

Amiens, 12 mars 1636.

† D'azur à la fasce d'argent chargée de trois merlettes de sable accompagnées de trois soucis d'or.

LENAIN ou LE NAIN (Jean), chevalier, baron d'Asfeld, né en 1698, maître des requêtes en 1736, conseiller d'État en 1748. Mort à Montpellier, le 28 décembre 1750.

Poitiers, août 1731. — *Languedoc*, septembre 1748.

† Échiqueté d'or et d'azur.

LENAIN (Jean-Vincent-Claude), baron d'Asfeld, né en 1725, conseiller au parlement en 1746, maître des requêtes en 1752, président au grand conseil en 1754. Mort à Savigny, le 18 août 1762.

Moulins, 1760.

† Échiqueté d'or et d'azur.

LE PELLETIER (CHARLES-ÉTIENNE), seigneur de Beaupré, né le 27 juillet 1702, conseiller au parlement et maître des requêtes en 1722, conseiller d'État en 1749, premier président du grand conseil.

Châlons, 1730.

† D'azur à la croix pattée d'argent chargée en cœur d'un chevron de gueules et en pointe d'une rose de même, boutonnée d'or, le chevron accosté de deux molettes d'éperon de sable sur la traverse de la croix.

LE PELLETIER (FÉLIX), seigneur de la Houssaye, Signy et Chateaupoissy, conseiller au Châtelet, puis au parlement en 1697, maître des requêtes en 1690, conseiller d'État en 1708, chancelier et garde des sceaux du duc d'Orléans en 1719, contrôleur général des finances en 1720. Mort le 20 septembre 1723, âgé de 60 ans, enterré aux Feuillants.

Soissons, 1696. — *Montauban*, 1698. — *Alsace*, 1700?

† D'argent au chêne arraché de sinople accompagné de trois roses de gueules.

LE PELLETIER (LOUIS), marquis de Montméliant, seigneur de Mortefontaine, Blacy, etc., né le 6 avril 1730, conseiller au parlement en 1749, maître des requêtes en 1754.

La Rochelle, 1764. — *Soissons*, 1765.

† D'azur à la croix pattée d'argent chargée en cœur d'un chevron d'azur et en pointe d'une rose de même, boutonnée d'or, le chevron accosté de deux molettes de sable sur la traverse de la croix.

LE PELLETIER (MICHEL), seigneur de Souzy, né en 1640, conseiller au parlement en 1666; plus tard intendant des finances, directeur général des fortifications, membre du conseil de régence. Mort le 10 décembre 1725 à l'abbaye de Saint-Victor où il s'était retiré.

Besançon, février 1668. — *Lille*, 1683.

Portraits gravés : 1º par G. Edelinck d'après Vanoost, 1679 ; 2º par Corn. Van Gaukerkeen d'après Ladame, in-fº.

† D'azur à la croix pattée d'argent chargée en cœur d'un chevron d'azur et en pointe d'une rose de même, boutonnée d'or, le chevron accosté de deux molettes de sable sur la traverse de la croix.

LE PICART (Jean-Baptiste), seigneur de Périgny, maître des requêtes.

Soissons, 1643.

† D'azur au lion d'or, armé et lampassé de gueules.

LE PRÉVOST (Jacques), seigneur d'Herbelay, conseiller du roi en ses conseils, maître des requêtes.

Lyon, 1637. — Orléans, 1639.

† Échiqueté d'azur et d'or au franc quartier d'or à l'hydre de sable.

LEROY (Charles), seigneur de la Poterie, conseiller du roi en ses conseils.

Aix, 1638. — Caen, 1639.

† D'azur à un chevron d'or accompagné de trois ombres de soleil de même, à huit rayons ondés.

LESCALOPIER, L'ESCALOPPIER ou L'ESLALOPIER (César-Charles), conseiller au parlement, maître des requêtes, conseiller d'État et premier président du grand conseil. Mort le 6 février 1753.

Châlons, 1711 à 1730.

† De gueules à la croix d'or cantonnée de quatre croissants montants du même.

L'ESCALOPPIER (Gaspar-César-Charles de), conseiller au parlement, maître des requêtes.

Montauban, 1740. — Tours, 1756.

Portrait gravé par Wille, in-4°.

† De gueules à la croix d'or cantonnée de quatre croissants montants du même.

LE TELLIER (Michel), né à Paris en 1603, secrétaire d'État en 1643, chancelier de France en 1677. Mort à Paris le 31 octobre 1685.

Grenoble, 1640.

Portrait gravé : 1° par J. Morin d'après Ph. de Champagne, in-f°; 2° par Roussel et d'après Parocel; 3° par M. Lasne d'après Stella, in-f°;

4° par le même ; 5° par Darel d'après J. Stella, in-f° ; 6° anonyme, copie du précédent ; 7° par Nanteuil d'après Champagne, in-f° ; 8° par Nanteuil, le 1er juillet 1658, in f° ; 9° par le même, 17 août 1658, in-f° ; 10° par le même, 20 juin 1659, in-f° ; 11° par le même, 23 juillet 1659, in-f° ; 12° par Boulanger d'après Chauveau et un buste par Nanteuil dans des ornements, in-f° oblong ; 13° par M. Lasne, 1661, in-f° ; 14° par Nanteuil, 1661, in-f° ; 15° par le même, 1667, in-f° ; 16° par Van Schuppen d'après Nanteuil, 1665, in f° ; 17° par le même, 1674, in-f° maj. ; 18° par le même, 1678, in-f° ; 19° par Rilly, in-f° ; 20° par Van Schuppen d'après Nanteuil, 1680, in-f° ; 21° par Edelinck d'après Ferdinand ; 22° anonyme, in-12, médaillon ; 23° par Van-Schuppen, 1682, in-8° ; 24° anonyme, 1684, médaille avec revers *Fortunatæ virtuti* ; 25° par Bourdan ; 26° par Larmessin ; 27° anonyme, in-4° oblong, en robe de chancelier, conduit par un ange, avec l'une de ses armes dessus ; 28° par Séb. Le Clerc, vignette ; 29° par Edelinck, d'après Ferdinand Vot, 1698, in-f° ; 30° anonyme, dans Odieuvre, etc.

† D'azur à trois lézards d'argent posés en pals, rangés en fasce, au chef cousu de gueules, chargé de trois étoiles d'or.

LE TELLIER (N....).

Lille, 1668.

† D'azur à trois lézards d'argent posés en pals, rangés en fasce, au chef cousu de gueules chargé de trois étoiles d'or.

LE TONNELIER DE BRETEUIL (Louis).

Languedoc, 1647.

† D'azur à l'épervier essorant d'or, longé et grilleté de même.

LE TONNELIER DE BRETEUIL (François), marquis de Fontenay-Trésigny, seigneur des Chapelles, de Villebert, baron de Boitron, conseiller au parlement et maître des requêtes en 1671, conseiller d'État 1685. Mort le 10 mai 1705, âgé de 66 ans.

Amiens, 13 août 1674. — *Flandre,* 1683.

† D'azur à l'épervier essorant d'or, longé et grilleté de même.

LE TONNELIER DE BRETEUIL (Victor-François), ministre de la guerre le 1er juillet 1721.

Limoges, 1719.

Portrait gravé par Joullain d'après Vanloo, in-4°, deux portraits dans la galerie de Versailles.

† D'azur à l'épervier essorant d'or, longé et grilleté de même.

LE VAYEZ (*Voir* ROLLAND LEVAYEZ).

LHUILLIÈRE d'ORGEVAL (GEOFFROY).
Soissons, 1637.

LIGNY (N.... de), seigneur de Greugneul, Saint-Piat, etc.
Riom, 1648.

LOZIÈRES (PIERRE-YVON de).
Grenoble, 1645.

M

MACHAULT (CHARLES de), seigneur d'Arnouville, né en 1587, conseiller au grand conseil en 1608, maître des requêtes le 21 août 1619, conseiller d'État. Mort le 16 janvier 1661, inhumé à Saint-Nicolas-des-Champs.

Dijon, 1636, — *Bordeaux,* 1638. — *Languedoc,* 1640. — *Dijon,* 1644.

† D'argent à trois têtes de corbeaux de sable dégouttantes de gueules.

MACHAULT (Louis de), sieur de Soisy, Milry, Cernay et Rilly, né en 1623, conseiller au grand conseil en 1641, maître des requêtes en 1649. Mort le 12 février 1695, inhumé à Saint-Nicolas-des-Champs.

Montauban, 1655. — *Chalons,* 1663. — *Amiens,* 1665. — *Orléans,* 1667. — *Soissons,* 1669.

† D'argent à trois têtes de corbeaux de sable dégouttantes de gueules.

MACHAULT (Jean-Baptiste de), seigneur d'Arnouville, né le 13 décembre 1701, maître des requêtes en 1728, président au grand conseil en 1738, contrôleur général en 1745, ministre d'État en 1749, garde des sceaux en 1750.

Valenciennes, mars 1743,

Portrait dans la galerie de Versailles.

† D'argent à trois têtes de corbeaux de sable dégouttantes de gueules.

MAIGNART (Charles-Étienne), marquis de Bernières, maître des requêtes, intendant des armées de Flandre, etc., né le 1er août 1667. Mort le 20 décembre 1717.

Lille, Flandre Wallonne, 1708. — *Flandre Maritime,* 1716.

Portr. grav. par Et. Gantrel, in-f°.

† D'azur à la bande d'argent chargée de trois quintefeuilles de gueules.

·MAILLARD ou MAILHARD DE BALOSRE (Paul).

Auch, février 1735, mars 1737.

† D'or à un feu de trois flammes de gueules et un maillet de sable posé en bande. au chef de gueules, chargé de trois étoiles d'or.

MANGOT (Jacques), seigneur d'Orgères, conseiller au grand conseil, maître des requêtes en 1636. Mort à Dijon le 21 avril 1643.

Dijon, 1638.

† D'azur à trois éperviers d'or membrés longés et becqués de gueules, chaperonnés d'argent.

MANGOT (Anne), seigneur de Villarceaux, conseiller au grand conseil en 1619, et au parlement en 1623, maître des requêtes en 1627, puis conseiller d'État. Mort le 10 juin 1655.

Metz, 1636.

† D'azur à trois éperviers d'or membrés longés et becqués de gueules chaperonnés d'argent.

5—

MANSART (François), chevalier, comte de Sagonne.

Moulins, 1707.

† D'azur à la colonne d'argent, la base, le chapiteau et le piédestal d'or, surmontée d'un soleil de même. Ladite colonne accotée de deux aigles d'or affrontées et fixant le soleil.

MARCA (Pierre de), président au parlement de Navarre, évêque de Couserans en 1642, archevêque de Toulouse en 1652, de Paris en 1662. Mort le 29 juin 1662.

Béarn, 17 novembre 1631 à 1638.

Portrait gravé : 1° par Edelinck, 1695, in-f°, en archevêque; 2° par Van Schuppen en 1663, in-f°, en archevêque; 3° par Rousselet, id.; 4° par Bernigeroth, in-f°; 5° par Chevillet, d'après de Seve, in-8°; 6° par Desrochers, in-8°.

MARILLAC (René de), seigneur d'Ollainville et d'Attichy, avocat général au grand conseil en 1663, conseiller d'État en 1682. Mort à Paris le 15 septembre 1719, à 81 ans.

Poitiers, 1673. — *Rouen*, 1686.

Portrait gravé par J. Lenfant, 1663, in-f° ; autre, par Fr. de Poilly, 1657, n° 76 de son œuvre ?

† D'argent maçonné de sable, la pièce en cœur d'azur chargée d'un croissant de sable.

MARIN (Arnoul), seigneur de la Chatsignoraye, premier président au parlement de Provence en 1674.

Orléans, 1671.

Portrait gravé par Jacques Cundier en 1674 et 1724, in-f°. Portrait dessiné à la bibliothèque Impériale.

† D'azur à la fasce d'or accompagnée en chef de trois croissants d'argent rangés en fasce et en pointe d'un coq d'or becqué et membré de gueules.

MARGUERIE (*Voir* LA MARGUERIE).

MARLE (Jacques-Hector de), seigneur de Beaubourg et de Cler-
lomont.

Metz, 1646. — Lorraine, 1646.

† Écartelé 1 et 4 d'azur à trois tours d'or (Hector) et 2 et 3, d'argent à
la bande de sable chargée de trois molettes d'argent (Marle).

MARLE (Bernard-Hector de), seigneur de Versigny, conseiller au
parlement, puis maître des requêtes le 28 mai 1665. Mort en 1694.

Alençon, 1666. — Riom, 1672.

† Écartelé 1 et 4 d'azur à trois tours d'or (Hector) et 2 et 3, d'argent
à la bande de sable chargée de trois molettes d'argent (Marle).

MASLON (Anne-Louis-Jules de), seigneur de Bercy, Conflans, Cha-
renton, les Carrières, etc., conseiller aux parlements de Metz et de
Paris, maître des requêtes en 1674, mort le 5 octobre 1706, âgé de 63
ans.

Riom, 1682. — Moulins, 1683. — Lyon, 1684.

† D'azur à trois merlettes (*alias* canettes d'or.)

MAUSSION (Étienne-Thomas de), seigneur de Jambville, Fremain-
ville. Mort sur l'échafaud en 1794.

Rouen, 1786-1790.

Portrait gravé par Quenedey.

† D'azur au chevron d'or accompagné de trois étoiles d'or et en
pointe d'un cyprès appuyé sur une montagne d'argent *alias* d'un if de
sinople sur un tertre de même.

MAYNON (Étienne), seigneur d'Invau, Corbonne et Villemanache,
chevalier, conseiller du roi en ses conseils, maître des requêtes, nommé conseiller d'État le 6 octobre 1706 , et en 1768, contrôleur général.

Amiens, 24 août 1751.

† D'azur à trois gerbes d'or.

MEAUPÉOU (Gille de), chevalier, comte d'Ableiges, né vers 1650.
Mort en 1727.

Riom, 1692. — Poitiers, 1695. — Moulins, 1703.

† D'azur à un sanglier d'or, au chef cousu de gueules chargé de trois étoiles d'or.

MEGRET DE SERILLY (Jean-Nicolas), comte de Chapelaine, seigneur de Sommesous, Aussimont et Vassimont, maître des requêtes en 1733.

Auch, 1737 au 2 février 1744. — *Besançon*, 1744. — *Alsace*, 1750.

† D'azur à trois besants d'argent au chef d'or chargé d'une tête de lion arrachée de gueules.

MEGRET D'ETIGNY (Antoine), baron de Theil-sur-Vannes et de Chapelaine, seigneur de Passy, Etigny, Vaumort, Pont, Noé, Sommesous, Vassimont et Aussimont, disgracié en 1765, rappelé en 1766, mort à Auch le 24 août 1767.

Auch, 10 mai 1751 au 24 août 1767.

† D'azur à trois besants d'argent au chef d'or chargé d'une tête de lion arrachée de gueules.

MELIAND (Nicolas de), né le 17 juin 1625, conseiller au grand conseil en 1650, maître des requêtes en 1651. Mort en 1659.

Montauban, 1656.

† D'azur à la croix d'or cantonnée aux 1 et 4, d'une aigle, et aux 2 et 3, d'une ruche, le tout d'or.

MELIAND (Antoine-François), né le 10 mai 1670, conseiller au parlement en 1692, maître des requêtes en 1698, conseiller d'État en 1721. Mort le 1er mai 1747.

Pau, 6 avril 1704 au 15 mars 1710. — *Lyon*, 1710. — *Lille*, 1718.

† D'azur à la croix d'or cantonnée aux 1 et 4, d'une aigle, et aux 2 et 3, d'une ruche, le tout d'or.

MELIAND (Claude), seigneur de Breviande, né le 5 août 1634, maître des requêtes en 1673, conseiller d'État. Mort le 8 février 1695, inhumé à Saint-Jean-en-Grève.

Alençon, 1676. — *Caen*, 1677. — *Rouen*, 1684.

† D'azur à la croix d'or, cantonnée aux 1 et 4 d'une aigle, et aux 2 et 3 d'une ruche, le tout du même.

MELIAND (Charles-Blaize), chevalier, châtelain de Toizy et de la Chapelle-Vendomoire, né le 23 juin 1703, conseiller au parlement en 1724, maître des requêtes le 8 mars 1731, conseiller d'État en 1765. Mort le 12 août 1768.

Soissons, 3 mars 1743.

† D'azur à la croix d'or, cantonnée aux 1 et 4 d'une aigle, et aux 2 et 3 d'une ruche, le tout du même.

MENARS (*Voir* Chairon).

MESGRIGNY (Jacques de), président à mortier au parlement de Normandie, puis conseiller d'honneur au parlement de Paris.

Riom, 1635. — Châlons, 1638.

Portrait gravé par Lebrun, d'après Ferdinand Les.

† Écartelé 1 et 4 d'argent au lion de sable lampassé et armé de gueules ; 2 et 3 fascé, ondé, enté d'argent et de gueules.

MEULON ou MEULAN D'ABLOIS (Marches-Charles).

La Rochelle, 1776. — Montauban 1780. — Limoges, 1783.

MICHODIÈRE (*Voir* La Michodière).

MIROMESNIL (*Voir* Dyel de).

MIRON (Robert de).

Montpellier, 1633.

† De gueules au miroir d'argent monté d'or.

MOLÉ (Jean), seigneur de Champlatreux et de Lassy, président à mortier en 1657, conseiller d'État. Mort à Paris le 6 août 1682.

Châlons, 1617.

Portraits gravés : 1º par P. Landry, 1666, in-fº dans une thèse ;
2º en médaillon avec les portraits d'Édouard et de Mathieu Molé.

† Écartelé aux 1 et 4 de gueules au chevron d'or accompagné en
chef de deux étoiles du même, et en pointe d'un croissant d'argent
(Molé), et aux 2 et 3 d'argent au lion sablé (Mesgrigny).

MONTARGIS (MICHEL de).

Orléans, 1708.

MONTYON (*Voir* AUGET de).

MORANT (THOMAS-ALEXANDRE), marquis du Mesnil-Garnier, né le
21 juin 1642, maître des requêtes en 1671, premier président du parlement de Toulouse en 1687. Mort à Paris le 8 juillet 1713.

Moulins, 1675. — *Aix*, 1680.

Portrait gravé par Edelinck, d'après Largillière, 1685, in-fol.

† D'azur à trois cormorans d'argent.

MORANT ou MORAND (THOMAS), seigneur, baron, puis marquis du
Mesnil-Garnier, comte de Penzés, né en 1616, maître des requêtes en
août 1643, conseiller d'État en 1652. Mort le 6 octobre 1692.

Bordeaux et Montauban, 1650. — *Amiens et Dijon*, 1651. — *Caen*, 1653.
— *Rouen*, 1659. — *Tours*, 1659.

Portraits gravés : 1º par Frosne, 1662, in-4º ; 2º par Lombart, d'après
Vaillant, in-fº.

† D'azur à trois cormorans d'argent, et quelques armoriaux ajoutent
écartelé de gueules au griffon d'or (Cauchon).

MORAS (*Voir* PEIRENC de).

MOREAU (JEAN), chevalier, seigneur de Séchelles, maître des requêtes en 1719, conseiller d'État en 1742, contrôleur général des finances
en 1754. Mort à Paris le 31 décembre 1760, âgé de 71 ans.

Hainaut, 1727. — *Lille*, 1743.

Portrait gravé par Lempereur, d'après Valade, in-fº.

4

† D'or au chevron d'azur accompagné en chef de deux roses de gueules feuillées et tigées de sinople et en pointe d'une tête de maure de sable tortillée d'argent.

MOREAU (Jean-Louis), seigneur de Beaumont, né en 1715, maître des requêtes en 1740, intendant des finances en 1756, conseiller d'État.

Poitiers, mai 1747. — *Besançon*, juillet 1750. — *Lille*, août 1754.

⊦ Mêmes armes que Moreau de Séchelles, dont il était le neveu.

MOULIN DE LA PORTE DE MESLAY.

Perpignan, 1775.

N

NAIN (*Voir* Le Nain).

NANTEUIL (*Voir* Boula de).

NESMOND de SAINT-DISAN (Henri de).

Limoges, 1672.

† D'or à trois cors de chasse de sable, liés de gueules.

O

ORCEAU DE FONTETTE (Jean-François d'), seigneur d'Essoye, Verpillière, né le 13 octobre 1718, conseiller au parlement de Paris en

4

1738, maître des requêtes en 1745, président du grand conseil en 1749, conseiller d'État le 28 août 1775. Mort en prison le 6 août 1794.

Caen, 14 août 1752.

† D'azur à trois fasces d'or.

ORGEVAL (*Voir* Lhuillière).

ORGEVAL (Nicolas d'), maître des requêtes, conseiller du roi. *Amiens*, 1651-1656.

† D'azur à trois coquilles d'or, au lion de même en abîme.

ORMESSON (*Voir* Le Fèvre).

OPPÈDE (*Voir* Fonnin).

ORRY (Philibert d'), marquis de Vignory, né le 22 janvier 1689, contrôleur général en 1730, conseiller d'État, ministre d'État, commandeur et grand trésorier des ordres. Mort le 9 novembre 1747.

Soissons, 1722. — *Perpignan*, 1727. — *Lille*, 1731.

Portraits gravés : 1º par Cars, dans une thèse in-fº.; 2º par Lépicié, d'après Rigaud, 1737, in-fº.; 3º dans la galerie de Versailles ; 4º chez Crépy.

† De pourpre à un lion d'or, rampant et grimpant sur un rocher d'argent.

P

PAJOT (Pierre), seigneur de Nozeau, conseiller au parlement en 1713, maître des requêtes en 1719.

Montauban, 1724. — *Limoges*, 1724. — *Orléans*, 1746.

† D'argent au chevron d'azur accompagné de trois têtes d'aigles de sable, becquées et arrachées de gueules.

PAJOT (Christophe), seigneur de Marcheval, né en 1724, conseiller au grand conseil en 1745, maître des requêtes en 1749.

Limoges, mars 1753-1757. — *Grenoble*, 20 juillet 1761.

† D'argent au chevron d'azur accompagné de trois têtes d'aigles de sable, becquées et arrachées de gueules.

PALLU (Bertrand-René), chevalier, seigneur du Ruau, conseiller au parlement de Paris en 1718, maître des requêtes en 1726.

Moulins, 1733. — *Lyon*, 1739 à 1751.

† D'argent au palmier de sinople posé sur une terrasse de même, accoté de deux mouchetures d'hermines de sable.

PARIS (Claude de), conseiller du roi en ses conseils.

Rouen, 1638.

PELLETIER (*Voir* Le Pelletier).

PELLOT ou PELOT (Claude), seigneur de Port-David et Sandars, depuis premier président au parlement de Rouen, reçu maître des requêtes en 1651. Mort le 3 août 1683.

Grenoble, 1656. — *Limoges* et *Poitiers*, 1659. — *Montauban*, 1662. *Béarn* et *Navarre*. — *Bordeaux*, 1661.

Portraits gravés : 1º par Tournheysen ; 2º par Noblin ; 3º par Beaufrève.

† De sable à trois cotices d'or ou à la tierce d'or en bande.

PEIRENC DE MORAS (François-Marie), chevalier, seigneur de Boisemont-Courdimanche, de Saint-Priest et de Saint-Étienne.

Riom, 1750. — *Hainaut*, 1753.

Portrait gravé dans la galerie de Versailles, in-12.

† De gueules semé de pierres d'or à la bande d'argent brochant sur le tout.

PERRIN DE CYPIERRE (Jean-François-Claude), baron de Chevilly, conseiller du grand conseil en 1717, maître des requêtes en 1749.

Orléans, 1770.

† D'or au lion de sable (*alias* d'azur) rampant contre une colonne de gueules à senestre.

PEYRONNET DE TRESSAN.

Perpignan, 1773.

PHELIPPEAUX, conseiller d'État.

Paris, 1698.

† D'azur semé de quartefeuilles d'or, au franc canton d'hermines.

PICART (*Voir* Le Picart).

PINEAU (Jacques), chevalier, baron de Lucé, seigneur de Viennay, la Peschellerie, Saint-Pater, etc. Né le 28 novembre 1709, conseiller au parlement de Paris en 1730, maître des requêtes en 1737, conseiller d'État en 1761. Mort en 1764.

Tours, 1743. — *Hainaut,* 1745. — *Alsace,* 1753 à 1760.

† D'argent à trois pommes de pin de sinople.

PINON (Anne), vicomte de Quincy, maître des requêtes en 1686.

Pau, 8 août 1694 au 30 novembre 1699. — *Alençon,* 1700. — *Poitiers,* 1703. — *Dijon,* 1707.

† D'azur au chevron d'or accompagné de trois pommes de pin du même.

PLEURRE (Gabriel-Jean-Honoré de), seigneur de Romilly, né le 26 mars 1712, conseiller au parlement de Paris en 1733, maître des requêtes en 1741, président au grand conseil en 1745. Mort le 23 juin 1749.

La Rochelle, juin 1747.

† D'azur au chevron d'argent accompagné de trois griffons d'or, les deux du chef affrontés.

POMMEREU (Auguste-Robert), chevalier, seigneur de la Bretesche, conseiller du roi en ses conseils, maître des requêtes ordinaire, président au grand conseil. Mort le 7 octobre 1702, âgé de 75 ans.

Moulins et *Bourges,* 1658. — *Riom,* 1663.

† D'azur au chevron d'argent accompagné de trois pommes d'or, tigées et feuillées de même.

POMMEREU (Jean-Baptiste de), seigneur de la Bretèche, maître des requêtes en 1685, depuis prévôt des marchands. Mort le 13 février 1732, âgé de 76 ans.

Alençon, 1680. — *Rennes,* 1689. — *Châlons,* 1699.

† D'azur au chevron d'argent accompagné de trois pommes d'or, tigées et feuillées de même.

POMMEREU (Michel-Gervais-Robert de), chevalier, marquis des Riceys, né le 25 octobre 1685, maître des requêtes en 1713. Mort à Auch le 26 décembre 1737.

Alençon, janvier 1720. — *Tours,* août 1726. — *Auch* et *Pau,* 1er mai 1731 au 27 décembre 1734.

† D'azur au chevron d'argent accompagné de trois pommes d'or, tigées et feuillées de même.

PONCET DE LA RIVIÈRE (Mathias), comte d'Ablis, conseiller au parlement en 1658, maître des requêtes en 1665, président au grand conseil en 1676. Mort le 20 avril 1693, âgé de 57 ans.

Alsace, 1670. — *Metz,* 1673. — *Lorraine,* 1673. — *Bourges,* 1674. — *Limoges,* 1683.

† D'azur à une gerbe de blé, deux tourterelles affrontées et becquetant sur la gerbe et en chef une étoile, le tout d'or.

PONT (*Voir* Depont.)

PONTE D'ALBARET (V. de).
Perpignan, 1698.

† D'argent au sautoir de gueules.

PONTE D'ALBARET (N. de), petit-fils du précédent.

Perpignan, 1740.

† D'argent au sautoir de gueules.

PORTE (*Voir* DE LA PORTE).

POTHERIE (*Voir* LE ROY DE LA POTHERIE).

POULLETIER DE NAINVILLE (PIERRE).

Lyon, 1718.

† D'argent à la fasce d'azur accompagnée en chef de trois poules de sable, membrées, barbées, becquées et crêtées de gueules et en pointe d'un lion léopardé de sable lampassé de gueules.

PRÉVOST (*Voir* LE PRÉVOST).

PUSSORT (N.).

Châlons, 1641.

Q

QUENTIN (CHARLES-BONAVENTURE), seigneur de Richebourg, maître des requêtes.

Rouen, 1712. — *Poitiers*, 1713.

† D'azur à trois pommes de pin d'or.

R

RAVOT D'OMBREVAL (Nicolas-Jean-Baptiste), lieutenant-général de police.

Tours, 1725.

† D'azur au pal d'or chargé d'un losange de gueules et accosté en chef de deux molettes d'éperon d'or.

RAYMOND DE TROBAT.

Perpignan, 1678.

RAYMOND DE SAINT-SAUVEUR.

Perpignan, 1777.

RENOUARD DE VILLAZER (Jean-Jacques).

Orléans, 1638. — Tours, 1641.

† D'argent à la quintefeuille de gueules.

RIBEYRE (Antoine de), seigneur d'Ormes ou d'Homme, né le 10 février 1632, conseiller au parlement en 1657, maître des requêtes en 1667, président au grand conseil, conseiller d'État en 1683. Mort le 7 octobre 1712.

Limoges, 1671. — Tours, 1672. — Poitiers, 1689.

† D'azur à la fasce ondée d'argent, accompagnée de trois canettes de même becquées et membrées de gueules.

RICHER (François), seigneur d'Aube-de-Daubec.

Caen, 1723. — Soissons, 1727.

Portrait gravé par Heudelot, in-4°.

† D'azur au chevron d'or accompagné de trois roses de même.

ROLAND-LEVAYEZ (Jacques).

Soissons, 1682. — *Moulins*, 1693.

† De gueules à la croix d'argent chargée de cinq tourteaux de gueules.

ROSSIGNOL (Bonaventure-Robert), seigneur de Balagny.

Riom, 1735. — *Lyon*, 1751.

† Écartelé : 1 et 4 d'or à l'arbre de sinople, 2 et 3 d'azur à trois rossignols d'argent onglés et becqués de gueules.

ROUILLÉ (Pierre), sieur du Coudray et du Plessis, conseiller au grand conseil, maître des requêtes en 1668, et conseiller au parlement la même année. Mort en 1678, inhumé à Saint-Eustache.

Poitiers, 1669. — *Amiens*, 1662.

Portrait gravé par Landry, 1673, in-fol.

† De gueules à trois mains dextres appaumées d'or au chef du même chargé de trois molettes du champ.

ROUILLÉ (Jean), comte de Meslay, conseiller à la cour des aides, maître des requêtes en 1653. Mort le 30 janvier 1698.

Aix, 1672.

Portraits gravés : 1° par Édelinck en 1702, d'après Nanteuil (1655) in-fol.; 2° par Jacques Cundier, in-4°.

† De gueules à trois mains dextres appaumées d'or au chef du même chargé de trois molettes du champ.

ROUILLÉ D'ORFEUIL (Gaspard-Louis).

La Rochelle, 1762. — *Châlons*, 1764-1790. Depuis 1786, son fils, Antoine-Louis, lui était attaché comme sous-intendant.

Deux portraits gravés par Varin, in-f° et in-4°.

† De gueules à trois mains dextres appaumées d'or au chef du même chargé de trois molettes du champ.

ROUILLÉ (Jean), seigneur de Fontaine-Guérin.

Limoges, 1703.

† D'azur au chevron d'or accompagné en chef de deux roses feuillées et tigées d'argent, et en pointe d'un croissant du même.

ROUJAUT ou ROUJAULT (Nicolas-Etienne), président à Poitiers.

Poitiers, 1708. — *Rouen*, 1712. — *Bourges*.

Portrait gravé par Cars, in-f°.

† D'or à trois billettes de gueules, 2 et 1, au chef d'azur chargé de trois étoiles du champ.

S

SANSON (Claude-Joseph de).

Béarn, 17 avril 1692 au 8 août 1694. — *Montauban*, 1698. — *Soissons*, 1698. — *Rouen*, 1704.

SAVALETTE DE MAGNANVILLE (Charles-Pierre).

Tours, 1745.

† D'azur au sphinx d'argent accompagné au chef d'une étoile d'or.

SENAC DE MEILHAN (Gabriel). Né à Paris en 1736, mort à Vienne le 5 avril 1803.

La Rochelle, 1766. — *Aix*, 1773. — *Valenciennes*, 1777.

Portrait gravé par Ch.-Cl. Bervic, d'après P.-S. Duplessis, 1783. L'original de ce portrait, peint par souscription, fut placé, en 1783, dans l'hôtel de ville de Valenciennes.

† Parti d'or à deux fasces d'azur et d'argent, au bâton d'argent entortillé d'un serpent d'or, brochant.

SERAUCOURT (Louis-François de) ancien conseiller à la cour des aides, maître des requêtes en 1681.

Bourges, 1682.

† D'argent à la bande de sable accompagné de 6 billettes du même posées, 4 en chef, 2 et 2, 3 en pointe, 2 et 1.

SERILLY (*Voir* MEGRET).

SÈVE (ALEXANDRE de), seigneur de Chassignonville, conseiller d'État et du conseil royal des finances, prévôt des marchands de Paris.

Grenoble, 1640. — *Riom*, 1644. — *Aix*, 1648.

Portrait gravé par Nanteuil, 1662, in-f°, à genoux avec les échevins à une réception de Louis XIV.

† Fascé d'or et de sable à la bordure contre-componée de même.

SÈVE (GUILLAUME de), seigneur de Châtillon, le Roi, Izy et Grigneville, premier président du parlement de Dombes, du parlement de Metz.

Montauban, 1669. — *Béarn*, 6 septembre 1672 à 1676. — *Bordeaux*, 1675. — *Metz*, 1691.

Portrait gravé par G. Audran, in-f°.

† Fascé d'or et de sable à la bordure contre-componée de même.

T

TABOUREAU (Louis-Gabriel), seigneur des Réaux, contrôleur général des finances en 1776.

Valenciennes, 1765 et 1766.

† D'azur au chevron d'or accompagné en chef de trois étoiles mal ordonnées et en pointe d'un croissant, le tout du même.

TALON (JACQUES), conseiller ordinaire du roi en ses conseils, puis avocat général au parlement de Paris.

Grenoble, 1635. — *Rouen*, 1637.

Portrait gravé par Michel Lasne.

† D'azur au chevron d'or, accompagné de trois épis sortant chacun d'un croissant, le tout aussi d'or.

TALON (JEAN), commissaire de l'armée en 1653. Fut intendant au Canada de 1665 à 1667 et de 1672 à 1674. Depuis lors, il fut secrétaire du cabinet, puis valet de chambre du roi.

Hainaut, 1655 à 1665.

† D'azur au chevron d'or, accompagné de trois épis sortant chacun d'un croissant, le tout aussi d'or.

TELLIER (*Voir* LE TELLIER).

TERRAY (ANTOINE-JEAN), chevalier.

Montauban, 1773. — *Moulins*, 1781. — *Paris*, 1781. — *Lyon*, 1784 à 1790.

† D'azur à une face d'argent chargée de cinq mouchetures d'hermines de sable et accompagnée de trois croix tréflées d'or, 2 en chef et 1 en pointe, au chef d'or chargé d'un lion issant de gueules.

THIERSAULT (PIERRE), chevalier, seigneur de Conches.

Alençon, 1636.

† D'azur au tiercelet couronné perché sur un chicot et essorant d'or, portant au bec trois épis de même.

THIROUX (LOUIS), seigneur de Crosne, lieutenant général de police, 1785. Mort sur l'échafaud en 1794.

Rouen, 1768.

† D'argent à la face d'azur chargée de trois bandes d'or, accompagnée

en chef d'une croisette ancrée de gueules et en pointe de trois têtes de lion de même.

THOU (François-Auguste de), baron de Meslé, maître des requêtes le 25 août, 1631, décapité à Lyon, le 12 septembre 1642.

Dijon, 1632.

Portrait : 1° in-12 d'après Charbonnet ; 2° par J. Porreau, d'après le même.

† D'argent au chevron de sable accompagné de trois mouches ou taons de même.

TONNELIER (*Voir* Le Tonnelier).

TOURNY (*Voir* Aubert de Tourny).

TRIMOND (Daniel-Victor de).

Montauban, 1783.

† D'azur à la cloche d'argent surmontée d'une croix, fleurdelisée d'or.

TRONCHAY (*Voir* Du Tronchay).

TRUDAINE (Charles), chevalier, seigneur de Montigny, maître des requêtes en 1689, prévôt des marchands de Paris.

Lyon, 1704. — *Dijon*, 1710.

† D'or à trois daims de sable.

TRUDAINE (Daniel-Charles), seigneur de Montigny.

Riom, 1730.

† D'or à trois daims de sable.

TUBŒUF (Charles), chevalier, baron de Vert et de Blanzat (*alias* Blanzac), maître des requêtes le 12 décembre 1661. Mort en 1680.

Montpellier, 1665. — *Bourges*, 1668. — *Moulins*, 1669. — *Tours*, 1674.

† D'argent à trois faucons volants de sable *alias* d'argent à trois aigles volantes de sable, le vol abaissé, *alias* des hirondelles.

TURGOT DE SAINT-CLAIR (Antoine), chevalier de Malte, conseiller au parlement en 1660, maître des requêtes en 1667. Mort en 1713, à 88 ans.

Limoges, 1671.

Portrait gravé par Masson, 1668, in-fo.

† D'hermines fretté de gueules de dix pièces.

TURGOT (Jacques-Étienne), chevalier, seigneur de Soubsmont, Brucourt, etc., maître des requêtes.

Metz, 1696. — *Tours,* 1701. — *Moulins,* 1711.

† D'hermines fretté de gueules.

TURGOT (Marc-Antoine), chevalier, seigneur de Soubsmont, Bon-Brincourt, maître des requêtes.

Riom, 1708. — *Moulins,* 1716. -- *Soissons,* 1720.

† D'hermines fretté de gueules.

TURGOT (Anne-Robert-Jacques), baron de l'Aulne, né le 10 mai 1727, ministre de la marine, contrôleur général et financier, 1774-1776 mort le 20 mars 1781.

Limoges, 8 août 1762.

Portrait gravé par Wattelet d'après Cochin, médaillon in-4°, et dix-huit portraits de divers formats.

† D'hermines fretté de gueules.

TURMÉÑYES (Jean de), seigneur de Nointel.

Moulins, 1700.

† D'azur à trois larmes d'argent accompagnées en chef d'une étoile d'or.

V

VAMBOURG (N.... de).

Besançon, 1698.

VANOLLES (Barthélemy de).

Moulins, 1729. — *Besançon*, 1734. — *Alsace*, 1744 à 1750.

† D'argent à 7 annelets de sable trois, trois et 1

VAUQUELIN DES YVETEAUX.

Languedoc, 1636 et 1642.

† D'azur au sautoir engrelé d'argent, cantonné de quatre croissants d'or.

VERTHAMON (François de), comte de Villemenon et de Ceveron ou Sernon, seigneur en partie de Brie-Comte-Robert, conseiller au parlement, maître des requêtes. Mort le 24 juin 1697, âgé de 92 ans.

Montauban, 1631. — *Riom*, 1658.

Portrait gravé par J. Grignon, d'après C. Le Febvre, in-f°.

† Écartelé : 1 de gueules au lion léopardé d'or, 2 et 3 à cinq points d'or équipolés à quatre d'azur, 4 de gueules plein.

VIGNIER (Nicolas), baron de Ricey.

Metz, 1641. — *Lorraine*, 1642.

† D'or au chef de gueules à la bande composée d'argent et de sable de six pièces brochant sur le tout.

VILLARCEAU.

Lorraine, 1637.

VILLEDEUIL (Pierre-Charles-Laurent de), sieur de Villemenon, Bras de fer, Bombon, secrétaire d'État.

Rouen, 1785.

VILLEMONTÉE (François de), chevalier, seigneur de Montaiguillon, conseiller d'État, intendant de justice, police, finances et marine de Poitou, Angoûmois, Saintonge, Aunis, ville et gouvernement de La-Rochelle, Brouage et îles d'entre Loire et Garonne, fut évêque de Saint-Malo en 1657.

Poitiers, 1635. — *Soissons,* 1650.

Portraits gravés : 1° par J. Morin d'après Ph. de Champagne, in-f° ; 2° par R. Lochon, in-f° ; 3° par Mellan, 1661 (en évêque) ; 4° par Michel Lasne, 1663, in-f° ; 5° par N. Pittau, in-f°.

Un jeton porte : M.-F. de Villemontée, seigneur de Montaiguillon et de Villenauxe. C^r D'Estat ordre et int. de la justice, police, finance et marine en Poitou, Aulnis Xaintonge et Engoumois. — Sur l'autre face, on voit deux personnages, l'un à genoux et l'autre debout, la main droite armée d'un glaive, autour la légende : *Non ensis sed mentis opus.* 1637.

† D'azur au chef endenté d'or chargé d'un lion léopardé de sable.

VOYER D'ARGENSON (René de), maître des requêtes, ambassadeur à Venise. Mort en 1651, âgé de 51 ans.

Riom, 1633.

Portrait gravé : 1° par Piccini à Venise, in-f° ; 2° le même, in-4° ; 3° par Petit ; 4° avec son épitaphe par Piccini, Venise, in-f° m.

† D'azur à deux léopards couronnés d'or.

VOYER (N. de) d'Argenson.

Limoges, 1632.

† D'azur à deux léopards couronnés d'or.

VOYER DE PAULMY (René-Louis de), chevalier, marquis d'Argenson, grand croix de l'ordre de Saint-Louis, conseiller d'État. Mort le 26 janvier 1757.

Hainaut et Cambresis, 1720.

Portrait gravé : 1° par Fessard, 1746, in-4°; 2° par Dieu.

† D'azur à deux léopards couronnés d'or.

VOYER (Pierre-Marc de), de Paulmy d'Argenson, lieutenant de police, d'abord titré baron des Ormes, ministre de la guerre. Mort le 20 août 1764.

Tours, 1721.

Portrait gravé : 1° par Petit, d'après Rigaud ; 2° par Marcenay, d'après Nattier, 1772, in-f°, dans la galerie française, in-4°; 3° par Blanchard d'après Rigaud pour la galerie historique de Versailles, série X, section 6.

† D'azur à deux léopards couronnés d'or.

VOYSIN (Daniel), seigneur de Cerisay, du Plessy-aux-Bois, d'Iverny, de la Malmaison, etc., maître des requêtes, conseiller d'État, prévôt des marchands de Paris. Mort le 22 novembre 1693.

Riom, 1648. — *Chalons,* 1656.

Portrait gravé : 1° par Regnesson d'après Ph. de Champagne, in-f° ; 2° par N. Pittau d'après Mignard, in-f° maj., 1668 ; 3° (le même retouché) ; 4° par Edelinck d'après Mignard, in-f° m. dans une thèse de M. Lamoignon ; 5° par Sauvé.

† D'azur au croissant d'argent accompagné de trois étoiles d'or.

VOYSIN (Jean-Baptiste), seigneur de la Noiraye et du Mesnil, conseiller au grand conseil, maître des requêtes en 1651. Mort à Tours en 1672.

Amiens, 1664. — *Rouen,* 1665. — *Tours,* 1665.

† D'azur au croissant d'argent accompagné de trois étoiles d'or.

VOISIN (Daniel-François), ministre de la guerre en 1709.

Hainaut, 1684 à 1698.

† D'azur au croissant d'argent accompagné de trois étoiles d'or.

Paris.-Imp. PAUL DUPONT, 45, rue de Grenelle-Saint-Honoré. (2183 8 8)

www.ingramcontent.com/pod-product-compliance
Lightning Source LLC
Chambersburg PA
CBHW060624100426
42744CB00008B/1496